1066
AND BEFORE
ALL THAT

一小时英格兰史系列

1066
诺曼征服前后的英格兰

（英）埃德·韦斯特 著
谭齐晴 译

The Battle of
Hastings,
Anglo-Saxon and Norman
England

化学工业出版社
·北京·

1066 and Before All That, 1st edition / by Ed West

ISBN 978-1-5107-1986-6

Copyright © 2017 by Ed West.All rights reserved.

Published by arrangement with Skyhorse Publishing through Andrew Nurnberg Associates International Limited.

本书中文简体字版由Skyhorse Publishing授权化学工业出版社独家出版发行。
本版本仅限在中国内地（大陆）销售，不得销往中国香港、澳门和台湾地区。未经许可，不得以任何方式复制或抄袭本书的任何部分，违者必究。

北京市版权局著作权合同登记号：01-2020-2946

图书在版编目（CIP）数据

1066：诺曼征服前后的英格兰/（英）埃德·韦斯特（Ed West）著；谭齐晴译. -- 北京：化学工业出版社，2020.7
（一小时英格兰史系列）
书名原文：1066 and Before All That
ISBN 978-7-122-36968-0

Ⅰ.①1… Ⅱ.①埃… ②谭… Ⅲ.①英格兰—中世纪史—1066 Ⅳ.①K561.32

中国版本图书馆CIP数据核字（2020）第082341号

责任编辑：王冬军　张　盼　　　　　　装帧设计：水玉银文化
责任校对：张雨彤

出版发行：化学工业出版社（北京市东城区青年湖南街13号　邮政编码100011）
印　　装：凯德印刷（天津）有限公司
880mm×1230mm 1/32　印张 7 $\frac{1}{2}$　字数 155 千字　2020年9月北京第1版第1次印刷

购书咨询：010-64518888　　　　　　　售后服务：010-64518899
网　　址：http://www.cip.com.cn
凡购买本书，如有缺损质量问题，本社销售中心负责调换。

定　价：49.80元　　　　　　　　　　　　　　版权所有　违者必究

1066
目录
The Battle of Hastings, Anglo-Saxon and Norman England

引言　流星划过之后　// 001

第1章　遥远不列颠
　　　　城市生活 // 009
　　　　常态贫穷 // 016

第2章　埃塞尔雷德二世
　　　　血红的火光 // 023
　　　　维京人又来了 // 027

第3章　诺曼人
　　　　卧榻之侧 // 043
　　　　八字胡斯韦恩 // 048

第4章　克努特大帝
　　　　维京征服 // 061
　　　　英年早逝 // 066

第5章 戈黛娃夫人

飞毛腿哈罗德 // 075
金发女子 // 078

第6章 忏悔者爱德华

虚弱的国王 // 083
戈德温家族 // 089
末日预言 // 097

第7章 诺曼底的威廉

残暴与进步 // 101
私生子威廉 // 106
封建无政府状态 // 112
最有力的支持 // 117

第8章 最后的维京人

北欧雷霆 // 123
富尔福德和斯坦福桥 // 129

第9章 黑斯廷斯之战

远征 // 139
巴约挂毯 // 145

第10章 诺曼之轭

诺曼贵族 // 151
英格兰的反抗 // 155
欣欣向荣 // 162

第11章　王位争夺

　　征服者之死 // 169
　　红脸威廉 // 175
　　狩猎事故 // 178

第12章　十九个漫漫长冬

　　白船醉沉 // 185
　　沉船之战 // 191

第13章　决不投降

　　征服者与被征服者 // 201
　　融合 // 206

参考文献 // 213

注释 // 215

引言　流星划过之后

1066
The Battle of Hastings, Anglo-Saxon and Norman England

  1066年4月，在英格兰威尔特郡的马姆斯伯里修道院（Abbey of Malmesbury），一位名叫埃尔默（Elmer）的古怪老头注意到天空中的一颗流星。埃尔默认为这是一个不祥之兆，嘀咕道："你来了，多少母亲会因你而落泪。在很久之前我见过你，但是现在的你更令人惊骇，因为我看到你昭示着我的祖国的衰败。"

  在11世纪，少有人能活到耄耋之年，但是埃尔默却是其中的一个。公元989年9月，在他还是一个男孩时，他就在天空中看到过同样的"扫把星"。在不久之后的将近一百年里，维京人回到了英格兰，所以彗星的再现一点也不受欢迎。在彗星再次出现的三个月之前，爱德华国王去世，他是第一个对国家的破败大声疾呼的人，但他的预言于事无补。在漫长的统治期间，这个有点古怪的君主向许多非常暴力的人许诺了王位的继承，即使是以当时的标准来看，国家也正面临着愈发强烈的不详。

  这个天体在6个世纪后为天文学家埃德蒙·哈雷（Edmund

Halley）所识别，它的确不是个好兆头，因为1066年行将成为英格兰史上非常可怕的一年——两次入侵、三场战争和成千上万人的死亡。在这些冲突中，最著名的莫过于两支七八千人的军队于10月14日在黑斯廷斯城外短兵相接。

埃尔默很幸运地再次看到了哈雷彗星。50年前，这个僧侣受到希腊传奇人物伊卡洛斯（Icarus）的启发，用柳树和羊皮纸做成了翅膀，在修道院60英尺高的钟楼上发起了一个相当乐观的载人飞行尝试。但是，即使摔断了双腿，再也无法行走，他的积极性和热情也丝毫没有减弱（公平地说，他确实在坠毁之前滑翔了200码[①]，至少他自己是这样声称的）。

爱德华的继任者国王哈罗德二世（Harold）自1月继承王位以来，过了地狱般的一年。回到黑斯廷斯之前，他刚刚在距离英格兰北部200英里[②]的地方行军了一个月，他的军队赶走了另一波入侵者——维京疯子哈拉尔·哈德拉达（Harald Hardraada）。现在，他面对的是诺曼底的威廉公爵——已知世界里武装力量最强大、最冷酷无情的统治者，他的子民是150年前在法国定居的维京人的后裔。

历史上很少有战争对失败者造成如此灾难性的后果，正如历史学家伊丽莎白·范·霍茨（Elizabeth van Houts）所说："在中世纪中期的西欧历史上，没有其他事件可以与其震撼的结果相比拟：战场上惨绝人寰的屠杀，无数生命的终结和随之而来的政治

[①] 1 码 =3 英尺 ≈ 91.44 厘米。——编者注
[②] 1 英里 ≈ 1.61 千米。——编者注

动荡。"

征服者威廉21年的统治结束之时，只有两个英格兰大地主仍然拥有自己的家园，只有一个英格兰人在教会中担任高级职务，只有5%的土地仍然属于英格兰人。整个英国的塞恩[①]和贵族中有5000人被杀害、被驱逐到国外或者被迫进入农奴制，或遭遇类似糟糕的事情。诺曼人最暴力的事件，是在约克郡杀害了10多万人，这次事件被称为"北方劫难"（Harrying of the North），让整个约克地区在之后的一个世纪里几近荒芜。

整个英格兰有三分之一的土地被划分成为王室森林，大量当地人因此被赶出居所，他们的家园成了诺曼人取乐的花园。无数房屋被拆毁，为诺曼人修建城堡腾出空间，以彰显他们的权威。如果发现一个诺曼人在英格兰人聚居的街区死亡，这里的英格兰人将集体接受惩罚（而一名杀死英格兰人的诺曼人则不会受到惩罚）。英语——这个也许当时在西欧拥有最丰富的文学体系的语言，被压制了三个世纪后再度复兴之时，已经受到征服者挥之不去的影响了。今天，英语词典中有四分之一到一半的单词都来自法语，包括大部分与法律、政府和战争有关的词汇。

我们很容易把诺曼人当成中世纪坏人中的魁首、冷酷无情的帝国主义者——他们打压所有人，偷走他们的土地，强迫他们成为农奴。除了入侵英格兰、威尔士和爱尔兰以外，他们对妇女和

---

① 塞恩（thegns），盎格鲁-撒克逊时代英格兰的大乡绅，贵族阶层成员，级别在郡长之下，其身份可世袭，以提供某些服役而获得国王或其他贵族的土地。——译者注

宗教也持更保守的态度。事实上，"bigot"（偏执者、顽固者）这个词最初是巴黎人对诺曼人的侮辱性称呼，来自诺曼人习惯使用的日耳曼誓言"bei Gott"或"by God"。[1]他们也因引进封建制度而遭人诟病——大多数人被"捆绑"在土地上，不得不为他们的主人劳作半年以换取一个便士或一些粪肥。

在英格兰，诺曼血统已经成为精英主义的代名词，所以法国式的名字就暗示着他们的特权，而典型的盎格鲁-撒克逊姓名则显得卑贱。在近年来最受欢迎的英国书籍和电影系列中，英雄们拥有盎格鲁-撒克逊风格的姓氏"波特"（Potter）和"韦斯莱"（Weasley），而反派的姓氏则是诺曼风格的"伏地魔"（Voldemort）和"马尔福"（Malfoy）。[2]这是卑贱与特权对峙的缩影。

诺曼人就像是好莱坞动画片里英国上流社会的反派，因造成了长期的阶级分裂而遭到指责，在某种程度上的确如此。举一个例子，曾有一位记者采访第六代威斯敏斯特公爵、亿万富翁杰拉尔德·格罗夫纳（Gerald Grosvenor），问他会给希望致富的年轻企业家什么建议，他的回答是："要确保他们的祖先是征服者威廉非常好的朋友。"[3]事实上，威斯敏斯特公爵的祖先、人称"大猎手"或首席猎人的休·卢普斯（Hugh Lupus），就获得了威廉授予的土地，威廉之所以将柴郡的土地赐予他，是为了利用他保持对威尔士的控制。在12世纪70年代，他的后裔罗贝尔·勒·格罗夫纳（Robert le Grosvenor）又得到了柴郡的布达沃斯庄园（Budworth），该庄园至今仍然是格罗夫纳的庄园，称为伊顿庄园（Eaton Estate）。2016年上一代公爵去世，给他的儿子留下了80亿英镑（约合100亿

美元）的遗产。⁴

不过话说回来，诺曼人当然并不全是坏人。1066年的英格兰社会有着巨大的阶级鸿沟，封建制度也已经成形⁵。以哈罗德为首的戈德温家族富可敌国，可能比他贪婪的继任者还要富有。除了建造了许多美丽的大教堂和城堡，诺曼人还废除了奴隶制，维持并改进了盎格鲁-撒克逊时期的英格兰政府制度，而他们的习俗在许多方面都更加文明。他们俘虏敌方贵族后，更习惯用于交换赎金，而英格兰人则会直接杀死俘虏，这部分地解释了为什么在1066年之前，这个国家经历了几十年的争斗和谋杀，并因此每况愈下。

而之后发生的一切都肇始于彗星的这一次造访，肇始于一个继母的所作所为……

1066

第1章
遥远不列颠

The Battle of Hastings, Anglo-Saxon and Norman England

城市生活

在这个时期欧洲任何一个国家的历史中，无论是爱尔兰、意大利、西班牙，甚至包括埃及，我们都会发现某个时刻有诺曼人的身影。而英格兰成了他们的一个非常诱人的目标。到11世纪中叶，英格兰是西欧最繁荣的国家之一，科茨沃尔德（Cotswolds）和东安格利亚（East Anglia）的羊毛会大量出口到欧洲大陆。英格兰还建立了遥遥领先于对手的铸币和税收制度。

这令人印象相当深刻，因为在仅仅500年前，英格兰人的祖先还是草莽掠夺者，因他们对囚俘的残忍压榨而闻名。公元5世纪，在罗马人离开之后，这些被称为"盎格鲁人"（Angles）、"撒克逊人"（Saxons）和"朱特人"（Jutes）的部落从德国和丹麦横渡北海，征服了英格兰岛的南部和东部。公元7世纪后，这些"加曼人"（Garman，英格兰当地人这样称呼他们）已经聚集形成了一些王国，这些王国逐渐吞并融合，直到公元9世纪还剩下4个——诺森布里亚（Northumbria）、麦西亚（Mercia）、东安格利亚和韦塞克斯(Wessex)。然而,在这个时候,来自斯堪的纳维亚的又一批野蛮人到达了,也就是我们熟知的"维京人"(Vikings,意为"掠夺者")。公元9世纪60年代,他们的军队踏平了三个盎格鲁-撒克逊王国的土地,到公元871年,就只剩下一个韦塞克斯王国了。这个王国的国王非常年轻,没有什么经验,还十分神经质,他就是阿尔弗雷德(Alfred,871~899年在位)。阿尔弗雷德经历重重困难,终于击退了入侵者,50年后,他的孙子埃特尔斯坦(Athelstan,925~939年在位)征服了现在英格兰版图上所有的土地,边界与今天大体相近。[1]

英格兰在韦塞克斯家族的统治下,逐渐成为较富裕的国家,体制也愈发成熟健全,至阿尔弗雷德大帝的曾孙和平王埃德加一世(Edgar the Peaceful,959~975年在位)统治时走向顶峰,进入了一个相对而言的黄金时代。埃德加成为全英格兰所有封臣的共主,尽管他的身高不足五英尺①。随着和平而来的是贸易的增长和知识的累积,其中大部分是通过教会和僧侣来实现的。尽管对于被征服的英格兰土著而言,盎格鲁人和撒克逊人是野蛮的异教徒,但他们仍旧很快被纳入了罗马帝国。必须指出的是,由于英格兰离罗马实在太遥远了(这只是部分原因),因此他们不必直面帝国的种种不佳现状。

到1066年,英格兰的法庭、地方各郡和税收系统已经基本成形,也成了文学蓬勃发展之地。英格兰人在各方面都比诺曼人更

---

① 1英尺 ≈ 0.3米。——编者注

加文明，按那时一位史家的说法就是："你会发现英格兰的囚犯都衣着考究、长发飘飘，更加美丽，这是因为他们经常梳理自己的头发，不像诺曼人囚犯，总是剃光或是剪短自己的头发。"²当时的一位诺曼–英格兰混血作家写道，英格兰人比诺曼人"更优秀、更富有，历史也更加悠久"。

我们称之为古英语的语言，在诺曼征服前一个世纪已经兴盛，所以在那以前就有约1000名"可以明确身份的作家和誊写员"³。连同爱尔兰语一起，古英语是"最为发达的欧洲方言"，它所产生的文学作品远远比法语丰富得多。⁴这很大一部分要归功于阿尔弗雷德大帝，他不仅击退了维京人，还鼓励每一个臣民读书认字，并且组织编写了《盎格鲁–撒克逊编年史》（*Anglo-Saxon Chronicle*，后简称《编年史》）。这部书由不同的人在5个地方编写而成，记录了当时发生的（绝大部分是令人沮丧的）大事。⁵

阿尔弗雷德大帝还组织修建了罗马人离开之后的第一座英格兰城市，创造了一种名为"堡"（burhs）的防御工事，当维京人入侵时，人们可以躲到里面去——后来这些堡发展成为城市。公元10世纪，伦敦第一次出现了"地产大亨"，其中最大的巨头当属巴尔金女修道院（Abbess of Barking）的院长，她在伦敦拥有28套房产。随着和平的到来，海外贸易也逐年增长，英格兰与全球贸易的中心——北意大利的帕维亚开启贸易交流，由此，远至当今印度尼西亚的货物也开始流入英格兰市场。⁶旅游业也开始在一些宗教中心兴起，主要围绕着新兴的景点如温切斯特的圣斯威辛遗迹（Saint Swithun's relics），尽管"朝圣之旅"经常会有一些无良商人们伪装成宗教使团以逃避关税。几乎在英格兰的每一座大城市,都有一些所谓的圣徒遗迹,它们非常有利可图,虽然大部分遗迹的真实性都值得怀疑;共有5处不同的圣室声称供奉着圣斯威辛的头颅,显然其中至少有4处是伪造的。

我们能够对10世纪的英格兰城市生活(大多是残酷的)了解甚多,大部分要归功于阿尔弗雷德大帝发起的识字运动,以及感谢现代法医学的帮助。那时的卫生系统尚未达到高标准,只有修道院建有必需设施——厕所。人们备受寄生虫折磨,其中最灾难性的就是蛔虫,这种长度可达12英寸的"魔鬼"有时可以从人的眼角钻出来,简直如同外星怪物。盎格鲁-撒克逊人几乎从不梳洗,并认为他们的维京人邻居在周六晚活动前梳头和洗澡(用七叶树果制成的肥皂)的习惯非常怪异;一位僧侣评论,这些习惯也许能提高他们约到女人的机会。

而英格兰的天气使情况更加糟糕。10~11世纪的英格兰比现在炎热许多,那时的伦敦和现在的法国中部气候差不多。英格兰南部大约有40座葡萄园,最北的一座在萨福克(Suffolk),在如今的葡萄酒爱好者看来,这些地区都算不上是良好的葡萄之乡。

我们对早期英格兰人饮食习惯的了解,大都源自埃夫里克(Elfric)——千禧年时期的坎特伯雷大主教——编写的一部拉丁词汇集,这部著作讲到了当时的面包师、农夫、渔夫以及牧羊人。《埃夫里克对话录》(*Elfric's Colloquy*)收录了修道院教师和青年学生们之间的一系列对话,旨在提高他们的拉丁文对话水平,但同时也包含对教学方法和各种职业的探讨。[7]从这部著作中我们得知,尽管盎格鲁-撒克逊人养猪、山羊和鹿，却很少食用，因为肉类在当时还很昂贵。鱼类作为食物更加普遍，尽管鲱鱼也还是很贵。人们经常吃的食物包括胡萝卜、韭菜、洋葱、茴香和羽衣甘蓝，其中，羽衣甘蓝非常受欢迎，以至于在罗马历法被引入之前，2月在古英语中被称为"甘蓝发芽月"（sproutkele）。[8]事实上，他们当时所用的历法在许多方面都与英国现在通行的历法不同。那时的1月1日只是耶稣受割礼的日子，而元旦是在3月25日这一天，这一天被称为"天使报喜节"（Lady Day），是为了纪念圣母玛利亚圣洁受孕（圣诞节前9个月）。现在英国人称这一天为"拜望母亲节"，或母亲节。[9]这种历法一直沿用到了17世纪，很可能是欧洲4月1日愚人节的来源，在这一天，按旧式历法生活的人就会被嘲笑。

一些古老的迷信说法和俗语起源于这个时代，比如"朝霞不出门，晚霞行千里"（If the sky reddens at nights, it foretells a clear day; if in the morning, it means bad weather），这句习语最早出现在8世纪的比德（Bede）笔下。还有如"夜空红彤彤，牧人兴冲冲"（Red sky at night, shepherd's delight），今天的英国人仍这么说。还有一些习语则逐渐失传了。如果一个现代英格兰人穿越回10世纪，为数不多的能让他感到熟悉的事情就包括画圈打叉游戏①——这是那时的游戏里唯一一个英格兰人至今还在玩的。[10]

假如你想要好好照顾自己，可以去看看9世纪的《伯德医书》（*Bald's Leechbook*）——第一本英语的医学指南——它的内容没有

---

① 即圈叉棋。——编者注

标题看起来那么的中古风，拉丁文中"laeceboc"是医书的意思，跟"leech"在英语中代表的水蛭并没什么关系。书中推荐的一些疗法包括：切开眼皮以消除眼睛肿胀，用碾碎的黑蜗牛敷治蜘蛛咬伤，"一缕山羊毛"（smoke of goat's hair）可缓解下背疼痛。书中也提到，用系船柱制成的鞭子抽打自己可以治疗疯症。（那应当打到什么程度才能认为"自己的精神状态正在好转"呢？）还有，鸡汤常用来缓解病痛，人们也常喝浓稠的麦酒，因为麦酒相对干净（尽管大部分人能用上干净的水，至少生活在城市以外的人有这个条件），而且含有酒精——虽然以现在的标准而言，麦酒的酒精含量是很低的，但几品脱①的麦酒确实可以麻痹现实。《伯德医书》中还讲了关于头痛、谢顶等的疗法，以及如何应对"多嘴的妇女和邪恶的小人"，书中称："如果男人雄性荷尔蒙分泌过于旺盛，他可以将龙牙草放在威尔士麦芽酒里煮沸，每日白天斋戒，晚上就饮用此方；如果缺乏阳刚之气、萎靡不振，则将这种草放在牛奶里煮，然后喝掉。"

还有很多典型中世纪风格的话语，我们如今已不知道它们的含义，比如："如果一个男人脱发，将藜芦、蜂蛇牛舌草、牛蒡的下半部分以及龙胆根混合在一起，制成药膏给他用……当头发脱落时，将多足蕨加热，趁很烫的时候往脑袋上热敷。"

书中还说："对付女人的唠叨，可以在晚上吃一根小萝卜，然后禁食，接下来的一天她的唠叨就无法影响你了"；还有，"对付

---

① 英制一品脱合 0.5683 升。——编者注

精灵族、小妖,可以做这样一副药膏:选取雌性蛇麻草、苦艾、石蚕、羽扇豆、马鞭草、天仙子、阔叶独行菜、蝰蛇牛舌草、覆盆子,以及庄稼地里的韭葱、大蒜、茜草类谷物、麦仙翁和茴香,混制而成"。

这一时期其他的偏方还有:喝狼奶或者将兔子的心脏捣碎晾干后食用,可治疗妊娠期和分娩期的一些病痛;应付瘟疫的办法是双手沾满锤出的麦芽汁,再用一鸡蛋壳那么多的纯净蜂蜜加上些许香草涂抹。另外还有:遇到听力障碍时,可以往耳朵里浇"绿色五倍子或是苦艾的汁液";至于膀胱方面的问题,可以找些"矮生红藻",捣烂之后就着两口葡萄酒饮入腹中,这样至少可让你暂时摆脱困扰;治疗谢顶,则可以"收集一种名为旱金莲的植物汁液",在头皮上涂抹。

读到这些我们可能会发笑不止,但这还不算是最荒谬的:在19世纪晚期科学方法和现代医学诞生以前,最"有效"的治疗手段更有可能害人,而不是救人。所以像这样吃一些药草,希望病情有所好转,总不是最坏的。那时候任何人如果声称自己在医学方面有丰富的知识,那么他更有可能是在胡乱恐吓你,然后借此机会撬开你的脑袋看看会发生些什么。

但所有这些的前提都是你能够得到充足的食物,因为那时饥荒频发,饿死的人更为常见。《盎格鲁-撒克逊编年史》中记载了那时严酷的现实:

975年"发生了一起重大饥荒"

976年"今年是严重的饥荒年"

1005年"今年发生了前所未有的大饥荒,没人经历过比这一次更糟糕的"

在最严重的一次饥荒中,有人亲眼看见四五十个人手拉着手,从苏塞克斯郡(Sussex)的比奇角(Beachy Head)一起跳入了大海。一则古老的笑话诉说了他们的悲惨命运,也彰显了独特的英式幽默:

问:什么能变苦为甜?

答:饥饿。

另一则盎格鲁–撒克逊笑话是:

问:什么东西有两只耳朵、一只眼、一双脚、1200个脑袋、一个肚子、一个后背、一双手和一根脖子?

答:独眼的卖蒜农拿着1200个蒜头。

你可能得亲临彼时才能感同身受。

几乎每到7月,食物就耗尽了,穷人一般只能靠麦角(黑麦面包上长出的霉菌)度日,这是他们在糟糕的时候唯一能得到的口粮。不幸的是,吃这样的食物会让人感到焦虑和眩晕,四肢有灼烧感,耳内出现奇怪的噪声,身体不受控制地抽搐。

常态贫穷

生活实在太艰难了,父亲们经常将自己未满7岁的孩子变卖为奴,古英语中甚至有一个专有词汇特指那些甘愿放弃自由、自卖为奴的人,他们继而成为富人所养的"家畜"的一部分——他们这样做至少能够确保自己不被饿死,因为一个成年男性劳动力等于8头公牛的价格。奴隶有时也被称为"活着的钱"(live money),到1066年时,奴隶占总人口的比例超过10%,在康沃尔(Cornwall)这样偏远的地区甚至能达到25%左右,完全不像某些反诺曼的历史学家编造的那样,是一片乐土。事实上,正是诺曼人的入侵才使奴隶制渐渐淘汰了,取而代之的是从某种程度上来说处境稍好一些的农奴制(不过显然,农奴制也仍然很糟糕)。

成为奴隶的常常是走投无路的穷人,或是本土的布列吞人(撒克逊人称呼他们为"威尔士人",既意味着"奴隶",也有"外地人"的意思);还有一些人因为犯罪而沦为奴隶——这比让他们蹲监狱要"划算"得多。[11]比如在乱伦案中,犯罪的男人成为国王的奴隶,而女方成为当地主教的奴隶。与他人的奴隶发生关系也是犯罪:任何人如果玷污了皇家的处女奴隶,都须缴纳50先令①的巨额罚款;如果这名女性奴隶在皇家面粉厂工作,那么罚款可以减半,而如果她是最下等的奴隶,那么就只用缴纳12先令。

伍尔夫斯坦主教(Bishop Wulfstan)是生活在世纪之交的神职人员及立法者,他热衷进行布道,讲述人们如何进入地狱;他描绘着生活的痛苦和残酷,抨击英格兰的男人:他们"整日聚在一起,凑钱买一个女人……然后又将这上帝的创造物卖到国外,从陌生人那里得到一笔好价钱"。

即使对自由民而言,贫穷也是常态。1066年大部分人仍旧住

---

① 英国旧辅币单位,1英镑=20先令,1先令=12便士。——编者注

在乡下，对于生活在现代以前的大部分人来说，乡下的生活都意味着无休无止的痛苦和折磨。同时，他们生活在一个封闭的世界里，除非被迫参军或加入民兵团（fyrd），[12]大部分人极少有机会去邻村瞧一瞧，更别说英格兰的其他地区了。相邻两个郡的人可能就已经听不懂对方说话了，而且由于这时暴力事件发生的频率远高于现代，法律规定，外来人进入村庄前必须先吹响号角，示意自己并无恶意。[13]

大部分自由民属于"科罗尔"（ceorl，最下阶层），即农民，我们所说的"粗鲁"（churlish）一词就是从这里衍生的。他们通常穿着简单而破旧的长袍——这时纽扣还没有发明——在田间劳作，一般每个人拥有一小块份地（尽管在未来几个世纪里，这些田地还暂时不会被圈占）。公共草场以"犁沟的长度"为单位划成条状，或称弗朗（furlong），即22码宽220码长的块地。这个长度就是板球场的边线长度，这项起源于中世纪乡村的运动，后来逐渐成为典型的英式休闲活动；弗朗至今仍是赛马运动的一种长度单位。

就农民这个群体而言，其内部也有许多阶层，每一个阶层的农民都有着不同程度的痛苦和负担。正如英格兰北部的"德恩"（dreng），他们是只需要服兵役就可以换取土地的自由农民；比他们低一等的"葛布拉"（gebura），是"莽汉"（boor）这个词的来源，他们"负担着沉重的租金和劳役"，[14]每周要为自己的领主服役两天，在丰收季和圣烛节（2月2日）到复活节（春分月圆后的第一个星期天）期间，每周还要额外再服役三天。此外，在"从丰收季之后土地第一次翻耕，到圣马丁节（11月11日）之间"，"葛布拉"每周要为领主耕种一英亩①土地,"将种子从领主的谷仓里搬出,播撒到田间"。总的来说,一名葛布拉每年总计要为领主耕种7英亩的土地作为租役,除了这些额外的"义务劳动",葛布拉还要时不时地担任巡夜者,保护土地安全。作为回报,他们每年能在米迦勒节(9月29日)得到10便士,在圣马丁节这天得到两蒲式耳②大麦和两只母鸡,复活节时得到一头羊或是2便士(那时候的2便士显然要比现在值钱得多)。而且相对于真正的奴隶而言,农民们还算是有一些自己的权利的。奴隶们在米迦勒节时,幸运的话也无非是得到一耳光的"赏赐",比较起来,农民的生活还算可以。

羊倌每周两天的劳役也能够得到些许津贴,以及圣诞节时他们能够得到12天量的粪便。21世纪的我们可能不觉得这是一份美好的礼物,但当时的羊倌们却为此感到开心(大概如此)。

比"科罗尔"地位高一级的是"塞恩",即盎格鲁–撒克逊贵族,这个阶层有四五千名男性。要成为这个阶层的人,不仅要拥有一座相对气派的宅邸、至少5海德③土地,还需要有自己的小教堂。但塞恩的宅邸也不是人们想象中典型的中世纪建筑,毕竟那时大部分人住的房子仍是用木板和石灰泥建成的,直到12世纪,富裕阶层才开始住进砖石砌成的房子。罗马人离开时倒是留下了

---

① 1英亩 ≈ 6.07亩。——编者注
② 一种计量单位,在英国,1浦式耳大麦约合17.69公斤。——编者注
③ 海德(hide),英国的土地计量单位,1海德等于一户人家一年可耕之土地。——编者注

大量的砖石建筑，但很多人认为罗马人是巨人族，还有一些人刻意避开罗马人的居住遗迹，因为他们认为那些地方容易闹鬼。

即使是自由民，也对自己的领主负有一定的义务。每个人都需要服劳役和兵役，如果所在的郡遭到入侵，每个人都有义务加入民兵团，尽管大部分人都会试图逃避这项义务，以免自己的庄稼撂荒，或是家里的女性们遇到危险。1066年夏天，当外境入侵者真正大军压境时，民兵团也被召集起来，共同御敌。

1066

第2章
埃塞尔雷德二世

The Battle of Hastings, Anglo-Saxon and Norman England

血红的火光

　　灾难的源头终究还是要追溯到国王埃德加曲折复杂的感情史。作为阿尔弗雷德大帝的曾孙,在哥哥埃德威格(Eadwig,955~959年在位)于19岁去世后,埃德加便继承了王位。埃德威格在位4年,最为人熟知的事情是错过了自己的加冕礼,因为那天他正在外尽享风流。埃德加继承王位时才16岁,他似乎与哥哥一样,对异性充满浓厚的兴趣。他的第一任王后于963年过世,随即他就恋上了威尔顿修道院(Wilton Abbey)的修女韦尔弗丽达(Wilfrida)。为了赎罪,国王需免冠7年,并且每周斋戒两次来忏悔,这可算不上什么性命攸关的惩罚(实际上按现在的观点来看,这是一个非常健康的建议,在时髦的节食方法中是一项标配)。

　　尽管如此,韦尔弗丽达还是从修道院中逃了出来,奔向自己的国王,并为他诞下一女,起名伊迪斯(Edith)[1]。但无论出于何种原因,他们的爱情没能长久,埃德加很快便移情别恋。(伊迪斯后来经历了短暂而伟大的一生,最终成为一名圣徒。)据传,丧妻的埃德加又得知了著名美女艾尔弗丽达(Elfrida)的消息,便派自己的养兄弟、东安格利亚的埃塞尔沃德(Ethelwald)前去探听传闻是否属实。埃塞尔沃德发现艾尔弗丽达的确有倾城之姿,随即将她占为己有。埃德加自然对此事心怀怨愤,他前去拜访,并在一场狩猎中杀死了情敌,迎娶了艾尔弗丽达。

这段恋情最为著名的地方并非它的开始。不久之后,艾尔弗丽达就被指控为巫女,据说她能将自己变成一匹马。一位主教声称,他曾看见艾尔弗丽达"与马群一起四处奔跑跳跃,毫无廉耻地将自己暴露在其他马儿们面前"[2],然而奇怪的是,没人能证实他的这番故事。

到彼时为止,维京人控制的最后一块英格兰土地也已经被收复,在埃德加治下,英格兰已经有了法律系统的基础和相对稳固的财政体系,郡区划分也初具雏形,与现代的郡区大致对应。[3]然而,国家的长治久安有赖于一个稳定、健康、精神良好的国王在位统治,不幸的是,埃德加年仅31岁就去世了,在他之前的国王分别是在19岁、32岁和25岁时去世的,所以相对而言他还算是活得久的。他的两任妻子各育有一子,一个暴躁易怒,另一个温顺懦弱。

王位最后传给了大儿子爱德华二世(Edward,975~979年在位),他继位时大概只有13岁,最多不超过16岁。爱德华因暴虐的脾气而闻名,他让身边所有人都感到恐惧,"不仅嘴下无德,对人横加谩骂、斥责,还会施以毒打"[4],而爱德华同父异母的弟弟、艾尔弗丽达的儿子埃塞尔雷德二世（Ethelred，979~1016年在位），则"似乎在言谈举止方面温和得多"。

爱德华的统治并未持续太久，其结局是充满暴力的，正如他的暴虐统治一般。继位4年之后的某天，爱德华在院子里与人打斗时被拉下了马，然后被一剑刺死了。没人知道这件事是有预谋的，还是只是发生在皇室宅院中的一起意外争吵（在中世纪，这种一时兴起的争吵很常见）。有一则不那么靠谱的传言说，是艾尔弗丽达[5]亲自刺死了爱德华，随后那个继母就将自己的亲生子扶上了王位。但埃塞尔雷德在当上国王之后却毫不领情，气得母亲曾拿烛台打他的头。从那以后，埃塞尔雷德余生一直对烛台充满恐惧，即使在只剩蜡烛照明的情况下，也要使烛光保持非常微弱的状态才行。[6]

据《盎格鲁-撒克逊编年史》记载，对爱德华的谋杀，是自英格兰人首次来到不列颠以来"所做的最为糟糕的事"，而死去的爱德华也因此成为"殉道者"（the martyr），自然受到比生前更多的爱戴。起初人们为他举行了一场简单的葬礼，后来又将他改葬至沙夫茨伯里修道院（Shaftesbury convent）。据说，一些不幸身患残疾的农民在参拜了他的遗体后竟然都痊愈了。在他的墓葬又接连几次发生神迹之后，他再次被起棺，移葬到名望更高的大教堂中。

爱德华名声日盛，主要还是因为他弟弟实在太糟糕。埃塞尔雷德有一半的时间都毫无建树，另一半时间里又残暴不仁。他逐渐成为著名的"决策无方者"（the Unready），在古英语中字面意思是"欠考虑的"（badly-advised），这是对他名字的双关讽刺，因为埃塞尔雷德意为"深思熟虑的"（well-advised）。他最为著名的事件是为了让入侵的维京人撤退，给对方支付赎金，向全国大肆征收保护性税款"丹麦金"（Danegeld）。正如900年后的事后诸葛鲁德亚德·吉卜林（Rudyard Kipling）所写："你只有付给他们丹麦金，才能摆脱丹麦人！"但埃塞尔雷德从未摆脱他们。

除了与丹麦人的冲突以外，此时英格兰国内各处也弥漫着硝烟。编年史家柏特菲尔斯（Byrhtferth）写道："四处战火纷飞，整个国家陷入混乱之中，郡与郡之间、家族与家族之间、王子与王子之间相互征战不休，郡长相互对立，主教与百姓之间也矛盾重重，人们渐渐开始仇视自己辖区的牧师。"

研究这一时期的历史学家在提及埃塞尔雷德时都义愤填膺。据传，邓斯坦主教（Bishop Dunstan）在埃塞尔雷德的加冕礼上曾"无法克制自己，将充斥在心中的预言大声倾吐出来"。他说："鉴于你是因为你哥哥去世才登上王位的，那么现在可以听听上天怎么说。他说，你的母亲和与她共谋的男人所犯下的罪孽永不会洗清，除非你苦难的臣民流出足够多的鲜血，因此英格兰的人民将会遭遇自他们来到这片土地以来最沉重的恶意！"这番话在当时一定让人觉得很难堪。7

据《盎格鲁-撒克逊编年史》记载，在埃塞尔雷德加冕那天，"天空中出现了血红的火光"，预示了他将成为一颗可怕的灾星。另一个在他登基之初就显现的凶兆是：英格兰第一座，也是当时唯一一座双层建筑——位于威尔特郡的英格兰皇家官邸在一次皇室集会时突然倒塌了，只留下当地主教站在巴斯德·基顿①式的废墟上。

在埃塞尔雷德统治期间，其头顶挥之不去的一朵阴云就是，崇拜他那被谋杀的哥哥的信徒越来越多，他的反对者（也就是绝大多数人）抓住一切机会大肆宣扬这种观点。12世纪的编年史家马姆斯伯里的威廉（William of Malmesbury）这样评价埃塞尔雷德："这位国王随时准备长眠，这也是他做得最好的一点。"但他的统治本身就如同一场血腥肮脏的屠杀，死在他朝堂上的人数不胜数，就连乔治·R.R.马丁②也会望而却步。他在位时，在其准许或默许下，许多重臣和贵族遭遇刺杀、双目失明，甚至直接被砍死，以至于当一个丹麦海盗前来夺取王位时，许多英格兰人纷纷给予支持——当一个国王在民众中的声望甚至都比不上一个维京人的时候，他就应该知道自己已经是走入绝境了。

维京人又来了

第一批维京人入侵英格兰发生在公元786年，这可能是斯堪的纳维亚人口膨胀引起的，同时又有新的航海技术提供支持。这波

---

① 巴斯特·基顿（Buster Keaton），美国默片时代的演员、导演，以"冷面笑匠"著称。在喜剧的黄金时代，他的声望同卓别林相媲美。其主要作品有《福尔摩斯二世》《将军号》（The General）、《七次机会》（Seven Chances）等。1960年，他获第32届奥斯卡金像奖终身成就奖。——译者注

② 乔治·R.R.马丁（George R. R. Martin），美国作家、编辑、电视剧编剧兼制片人，《冰与火之歌》（A Song of Ice and Fire）系列作者，《冰与火之歌》系列特点之一是大量主角在故事发展过程中相继死去。——译者注

入侵在公元865年"维京雄狮"(Great Heathen Army)登陆时达到高潮。从此,东英格兰的大部分土地都被丹麦人占领,直到10世纪50年代都处在位于约克的半独立政府统治下。约克郡大约有40%的村庄都有着斯堪的纳维亚风格的名字,由此推测当时有很多居民都是丹麦人。

斯堪的纳维亚有大量的好战者相继投入海上探险,他们日夜不休地去往世界的各个角落,寻找新的土地。向东,瑞典人顺着河流而下直达黑海,在黑海地区建立了当地的第一个国家,当地人叫他们"桨手"(rowers)或者罗斯(Rus),而他们的国家也就命名为基辅罗斯(Kievan Rus)。向西,约在公元1000年,挪威的"幸运者"列夫·埃里克森(Leif 'the Lucky' Ericsson)成为第一个踏足美洲的欧洲人,因此,每年10月9日,在斯堪的纳维亚人聚居的五大湖区域,人们都要庆祝列夫·埃里克森日。[8]

列夫的父亲红胡子埃里克(Erik the Red)也是一位英勇的探险家,正是他发现了格陵兰岛,但除此以外,他似乎糟糕到一无是处了。埃里克的父亲因谋杀而被驱逐出挪威,埃里克重蹈覆辙,也因"人命在身"被驱逐出境,流放至冰岛——那时的冰岛还是一个亡命徒聚集之地。接着埃里克又杀了一个人,被迫从冰岛的主要居住区逃了出来。不久,他第三次犯下同样的罪行,在这更偏远的西方殖民地再杀三人,并逃之夭夭。他的生命终结于格陵兰岛,他为它起"Greenland"这个名字是为了吸引别人来定居,尽管这里最显著的特征就是皑皑的冰雪(冰岛那时已经成为另一座岛屿的名字,而他们也不可能再起一个"更冰的岛"之类的名字)。

然而,这一时期的维京人已经基本上稳定下来了,那种杀了人之后轻松地换一个地方居住的好日子也快到头了——因为基督教终于要扎根到这里了。埃里克的妻子有一个令人费解的名字,叫梭狄尔德(Thjodhildr),就连她也成了基督徒,并且在丈夫摒弃旧神信仰之前坚决不与他同床,这显然"对他的脾气是一个巨大的考验",而他们的儿子列夫也因此成了基督徒。从阿尔弗雷德大帝时期以来,维京人就以折磨他们所谓的异教徒的仪式之残忍和复杂而出名,丹麦人和挪威人接纳新信仰的速度很慢,尽管也很难说新的信仰让他们的行为有什么改善。最大的变化无非是对旧神弗雷娅(Frejya,北欧神话中司爱与美的女神)的崇拜变成了对圣母玛利亚的崇拜,雕像上的铭文由托尔(Thor,北欧神话中的雷神)的话变成了耶稣的话,而基督教所信奉的和平主义却没能扎根于他们心中。

从英格兰被驱逐之后,维京人在爱尔兰成功登陆并定居下来,而且无奈地各自占地为王,形成了许多微型王国,尽管那里的挪威人(爱尔兰人称之为"白皙的外国人")大部分时间都在与丹麦人(被称作"黝黑的外国人")作战。[9]挪威来的维京人在爱尔兰建立了一系列城市,主要包括建于公元988年的都柏林(Dublin),这里很快成为他们奴隶交易的中心。很多爱尔兰人被俘虏并卖往中东,另一部分随着维京人一起被掳至冰岛。大概有一半的冰岛人,他们的线粒体DNA可追溯至爱尔兰先祖(线粒体DNA是母系传递的)。[10]许多不幸的英格兰人也会被送往都柏林奴隶市场作为临时落脚点，然后被卖到更加偏远贫穷的地方，开始苦难如噩梦一般的生活。

这一时期，维京人开拓的地区很广泛，很多他们统治下的区域都保持了相当长一段时间的斯堪的纳维亚传统。位于英格兰、爱尔兰、苏格兰和威尔士之间的马恩岛，至1266年都处在挪威人控制下，岛上的议会——马恩岛议会（Tynwald，来自北欧议会"庭"①），是世界上最古老的议会。同样的还有奥克尼群岛（Orkneys）和设得兰群岛（Shetlands），它们都曾长期处于挪威人殖民之下，至今方言中仍保留着许多挪威单词。

据13世纪的《挪威史》(Hisrotiae Norwegia)记载，维京人与这里的两批土著居民——分别是皮克特人（Picts）和一支神秘族群佩普人（Pape）——抢夺岛屿控制权。作者认为，皮克特人只比俾格米人（pygmies）②高一点点，他们可以在清晨和晚上完成不可思议的壮举，但一到白天就疲弱无力，只能躲在地下洞穴里。作者还认为，佩普人是信奉犹太教的非洲人，因此，这位作者的原始材料也不能完全采信。

斯堪的纳维亚半岛此时也已形成了国家。一位半传说中的国

---

① "庭"（thing）是日耳曼人社会中的一种政治议会，它后来亦被引入某些塞尔特人社会中。"庭"由其所属社群的自由民组成，并由法律演讲人（lawspeaker）主持，而"庭"的集会地点则称为"庭址"（thingstead）。即便至今日，"庭"的这种用法依旧可见于一些北欧国家官方的立法机构、政治机构与司法机构的名称当中，此词在曼岛语中的形式"tyn"亦可见于曼岛的3个立法机构中；此外，英语中此词的这种用法存留于英语的"husting"一词当中。——译者注

② 多指非洲中部的尼格利罗人（Negrillo），成年人平均身高不足1.4米——译者注

王金发哈拉尔一世（Harold Finehair，872~932年在位）[①]统一了挪威，他的绰号源自他的爱情故事。那时他爱上了一位公主，公主声称在他当上国王之前不会嫁给他，于是他便起誓在成为国王前绝不会剪头或梳头。后来，哈拉尔有20个儿子，不过有不少死于兄弟相残。

在基督教被引入斯堪的纳维亚半岛的过程中，这个地区人民的某些理性特质就已经得以显现了。在大多数社会中，一旦君主成了基督教信徒，那些旧教的信徒不日必将遭到迫害，而唯独斯堪的纳维亚人试图寻求一种和解。当冰岛公投请求改变信仰时，它准许异教徒继续食用马肉，也从不隔绝孩子们与异教文化，就如美好的往日一样。

好人哈康一世（Hakon the Good，934~960年在位）于公元934年成为挪威国王，在一个歌颂旧神的异教节日"冬季庆典"（Yul-tide）上，他试图制定一条中间路线，这触怒了国民。旧教徒们希望他参与这个节日的活动，而他作为基督教徒不能参与，但他也不想态度过于激烈，所以他只是吸入了作为旧神祭祀品的熟马肉上缭绕的烟雾，而没有食用马肉。后来迫于压力，他又吃了一些马肝作为折中。最终，这些矛盾都因红胡子埃里克的儿子杀死哈康而烟消云散了，至于原因则是别的一些事情。

维京领袖们显然没有完全摒弃以前的某些观念，斯堪的纳维亚的统治者们在相当一段时间内都保留着拥有第二名女性伴侣的

[①] 一般写作 Harald Fairhair。关于他的生平记载很少，最早的记录出现在3个世纪之后的传奇史诗中。——译者注

传统，叫作"伴侣"（handfast）或者"丹麦情人"（Danish wife），这样的女人并不是完全意义上的第二个妻子，也不是标准的情妇。罗斯大公圣弗拉基米尔（St. Vladimir）在率全体臣民皈依基督教后，被加诸圣徒的光环，接着他就马不停蹄地娶了7个妻子，还拥有800个情妇。弗拉基米尔很清楚，出于政治原因，罗斯必须从信仰中选择其一，但他仍然选择了基督教，这是因为有的信仰禁酒，嗜酒的俄罗斯人是不可能接受这一点的。[11]

俄罗斯的冒险活动使维京人与中东世界发生了联系。一位名为阿玛德·伊本·法德兰（Ahmad ibn Fadlan）的阿拉伯商人经常与罗斯人打交道，他曾记录下罗斯人的文身、长发和他们不良的卫生习惯，以及普遍的野蛮粗鲁。他还点评他们的音乐："他们唱的歌，真是我听过的歌声里最恐怖的……"[13]

挪威人与伊斯兰世界通过奴隶贸易联系起来，维京人在英格兰活跃程度的起伏也与远方发生的事情紧密相关。[13]

但在这个交流的过程中，也出现了一两次文化误解的事件。一次是西班牙科尔多瓦（Cordoba）的埃米尔——阿卜杜勒拉赫曼二世（Abd ar-Rahman Ⅱ）派大使去见丹麦国王卓里克（Jorik），这次会见成了一场灾难。丹麦国王想让大使向他鞠躬，但阿拉伯大使拒绝了，国王于是降低入口处的高度以强迫使臣屈服，最终使臣背对国王，拒不臣服。一位维京王后也有过相似的举动，她命令英俊的诗人使节亚哈·伊本·哈凯姆·阿尔杰亚尼（Yahya ibn Hakam al-Jayyani）鞠躬，也引发了冲突。维京人热衷于在八天八夜的痛饮中烂醉如泥，但这显然并未让摩尔人印象深刻，尽管作为一个群体而言,维京人并不全都是野蛮而粗俗的,他们也热爱诗歌,也有游吟诗人(scalds)①,但他们展现出来的作为却几乎全是打打杀杀。

在来自斯堪的纳维亚的入侵者中,最重要的莫过于奥拉夫·特吕格瓦松(Olaf Tryggvason,即奥拉夫一世,995~1000年在位)。他的绰号是"乌鸦骨"(Crowbone),因为他热衷于解读各种预兆(维京人的领袖们经常会非常迷信,但作为自海而来的侵略者,他们的命运更依赖偶然的运气)。他的父亲死于对手谋杀,而他出身贵族的母亲阿斯特丽德(Astrid)却幸运地逃过一劫——那名对手有个不详的名字,叫"灰斗篷"(Greycloak),他命令侍从们在各个村庄搜寻怀孕的寡妇,试图杀掉阿斯特丽德和她丈夫的继承人。另一个版本的故事则说,奥拉夫和她的母亲逃往俄罗斯,却在中途遭遇海盗并被卖为奴隶。在交易市场上,他被拿来交换一只山羊,此时真是他人生的最低谷。就这样"乌鸦骨"成了爱沙尼亚的一名农场工人,直到被他的舅舅找到并解救出来。之后他成为一名航海家,拥有我们所知最大的维京人战舰——百英尺长的"长蛇"(Long Serpent),他曾绕不列颠岛航行一周,并于981年到达康沃尔的帕德斯托镇(Padstow)。

尽管挪威、瑞典和丹麦的形成最终使得斯堪的纳维亚半岛和平稳定下来,但这也使得新的维京人联军更加壮大和强势。而英格兰此时在位的是一位年轻而孱弱的国王——在10世纪80年代维

---

① "scald"是"skald"的变体,指古斯堪的纳维亚的吟唱诗人。——译者注

京人再一次入侵时,遇上的是无能而懦弱的埃塞尔雷德。

公元991年夏天,一支由93艘大艇组成的维京舰队开始攻击英格兰东海岸,奥拉夫·特吕格瓦松作为指挥之一,企图攻下一座座城市搜刮钱财。如此强大的军事力量,能够在任何支援到来以前摧毁大片土地,通常被掠夺的百姓都只能交出金银,并祈祷维京人速速离去。

然而,当他们出现在埃塞克斯郡的马尔登(Maldon)时,当地领主巴特诺斯(Byrhtnoth)却进行了顽强抵抗,尽管他当时已是年近花甲的老人了。当挪威人抵达海岸并勒索金钱时,这位年迈的战士答复道:"我们能给的只有矛头和刀剑。"这番豪言壮语体现了非凡的勇气,但接着巴特诺斯展现了典型的"英式公平精神",他没有趁维京人还在海堤边进军时袭击他们,而是给了他们上岸的机会,以进行一场公平决战,这群维京人紧接着就屠戮了他们的英格兰对手。(另一个解释是,假如维京人没有得到上岸的机会,那么他们就会乘船离开,但当时巴特诺斯宁愿先做好准备,也要放他们上来一决胜负。)

年迈的勇士最终战死,随他一起的还有一些忠心的侍从——虽然还是有很多人逃跑了——他们杀死了很多维京人,诗歌《马尔登之战》(*The Battle of Maldon*)就是为歌颂这一事件而作,随后成为彰显英格兰人英勇气概的一支民谣。它蕴含着重要的国家意义,因为巴特诺斯的士兵来自各个不同的乡村,但实际上英格兰当时却处于分裂之中,根据《编年史》记载,没有哪个郡会支援自己的邻居。在这首诗歌中,巴特诺斯告诉维京人:

第2章 埃塞尔雷德二世

"听着，使者！回去这样复命

……一位贵族伯爵和他的军队站在这里——

他们是百姓和国土的守卫者，守护着国王埃塞尔雷德的家——他们将为这片土地战斗至最后一刻。"

不幸的是，这首诗歌唯一的抄本原本存于威斯敏斯特的阿什博纳姆博物馆（Ashburnham Museum），但却在1731年那场著名的大火中被付之一炬，与之一起被焚毁的还有从盎格鲁-撒克逊时期以来近半数的古籍手稿。幸而这个博物馆的副馆长抄写了一份副本，否则这首诗就失传了，但是他并未抄录完全，最后50行仍然遗失了。就像有时候去图书馆借一本书，发现上一个借书人撕掉了这本书的最后一页一样，我们永远也不知道这首诗歌是如何结尾的了，但无论如何，我们知道，巴特诺斯牺牲了。

在这场战斗之后，维京人大肆入侵，最终埃塞尔雷德付出了1.6万磅白银的赎金换取奥拉夫撤退，并以奥拉夫皈依基督教作为条件。这笔钱在当时是一笔巨款（按字面意思是指1.6万磅银币），自然，奥拉夫在拿到这笔钱后，后半辈子都过得非常逍遥。实际上，当奥拉夫成为挪威国王之后，他强迫很大一部分臣民皈依，并对那些拒绝的人施以迫害和折磨，这或许已经违背了此教的教义。尽管如此，如同很多其他新近皈依的维京信徒一样，他也保留了拥有两位妻子的习俗。不过，他的婚姻未能有一个圆满的结尾，最终奥拉夫在战场上被挪威对头厄尔·埃里克（Earl Erik）杀死。

马尔登之役以后，埃塞尔雷德开始实行向侵略者交纳赎金的政策，他在位期间，至少共征收了25万磅白银的赎金，从991年的

1.6万磅白银到1002年的2.4万磅白银,到1007年升至3.6万磅白银,1012年更是达到了令人咋舌的4.5万~4.8万磅白银。但英格兰还能够负担这笔费用,因为此时的英格兰银币斯特林(sterling,根据某一种解释,斯特林一词来源于拉丁词"steor",意为稳定的)是通行北欧的贵重货币,为其他各国所模仿铸造。英格兰那时有70家皇家铸币厂,生产出上亿的银币在欧洲各地流通,每一枚银币的含银量都达到了92.5%。在之后几年,埃塞尔雷德的铸币在斯堪的纳维亚使用的频率甚至高于英格兰。

满载而归的奥拉夫给其他维京人留下了这样的印象,即英格兰是一个富裕而懦弱的国家。于是他们继续入侵这片土地。993年,诺森布里亚的班堡(Bamburgh)被维京人摧毁,他们"带走了大量战利品"。994年,另一支维京人舰队登陆英格兰,他们是一支拥有94艘战舰和2000名士兵的联军。这一年因伦敦保卫战取得了胜利,所以维京人转移到埃塞克斯、肯特(Kent)、苏赛克斯和汉普郡(Hampshire)。997年,丹佛、康沃尔和威尔士遭到攻击,次年,多塞特郡(Dorset)和怀特岛(Isle of Wight)遇袭,999年,北欧军队在肯特郡的罗切斯特(Rochester)登陆,击败了当地守军。

面对数倍于自己的军队,肯特地方军四散溃逃,原因是〔根据《彼得伯勒编年史》(*Peterborough Chronicle*)的记载〕"他们没有得到应有的支援"。《坎特伯雷编年史》(*Canterbury Chronicle*)中则记载:"这里的海军毫无建树,他们花费了民众的劳力,浪费了金钱,还使敌人更加强大了"。显然,这是对国王毫不留情的嘲讽,因国王未能起到丝毫领导作用。992年,埃塞尔雷德曾召集过所有的大贵族,希望组织一支军队来共同对抗维京人,但他任命的领导人埃夫里克却背叛了军队,不知出于什么原因,他向敌人透露了这个消息。随后,国王刺瞎了埃夫里克儿子的双眼。

在另一次充满压抑的集会上,霍姆里斯特(Homilist)的伍尔夫斯坦(Wulfstan)曾指出,英格兰士兵们眼睁睁地看着丹麦士兵侮辱自己的妻子和女儿,却无能为力;他还曾在另一个场合说,当仅仅三四个维京人就将英格兰人掳至船上作为奴隶售卖时,一大批城里人却无动于衷,毫无作为。

虽然英格兰在面对入侵者时软弱无力,但随着千禧年的临近,人们对世界终结的恐惧也逐渐显现。在他们看来,1000年的到来意味着在某些地方将发生一些恐怖的事,但古老的英语文化在某些特定的时刻对厄运的降临有着强烈的预感,他们认为灾难的降临必有缘由。

我们所了解的盎格鲁-撒克逊文化大多来自他们的诗歌,通常,人们弹奏着古老的六弦琴,围着大厅里的炉火演唱这些诗歌。尽管只有一小部分古诗歌保存至今,它们仍旧给我们传递了很多古代世界的信息。其中一首名为《狄奥》(*Deor*),讲述的是一位诗人在海德宁斯(Heodeninings)这个部族中失势的故事,这首诗能说明:为什么说诗人,或者吟游诗人(scop),是部落的历史记录人。同样令人印象深刻的还有《流浪者》(*The Wanderer*),讲述了一个失去领主的人悲伤欲绝,他哀叹道:

谨慎的人应当懂得,

当这个世界的所有财富

以各种方式被浪费，

如今天一样，

是多么可怕的事情。

在这片中央之地，

大风吹过，

城墙仍能屹立，

霜雪纷飞，

房舍微晃，

而欢歌笑语的大厅却不复从前，

裹挟快乐的谎言烟消云散，

贵族们统统跌入烂泥，

骄傲尚存的人依偎着城墙。

还有一首作于10世纪晚期的《人类的机遇》(*The Fortunes of Men*)，诗中列举了人类一系列导致死亡的情形——残废、从树上摔落、流放和绞刑，又通过"一个嘟囔不休的醉汉"，描述了大多数人的生活状态：

饥饿吞噬了一个人，风暴卷走了另一个人。

有人终身无法窥见光明，

有人别无他法，只能试试运气，

带上干粮，踏上远行的路，

在危险重重的异乡，身边都是陌生人，

留下自己的足迹。[14]

这首诗概括了一个道理，就是人终究会变老，在一生中你总能得到应有的快乐，不管你是否天赋异禀、擅长投掷或是聪明绝顶，没有必要忧思过甚。¹⁵《人类的机遇》收录在《埃克塞特诗集》(Exeter Book)中，这本诗集共包含96首打谜诗，一直被保存在埃克塞特城的教堂图书馆中（1072年这座教堂被赠与主教）。尽管在这之后，诗集遭受了一些破坏，被用来当作奶酪板、面包板或者啤酒垫，但它仍是中世纪早期英格兰的珍贵记录。在这些打谜诗中，有12首是关于战争的，还有一些反映了对信仰的思考，但绝大部分仍是对日常生活的描述，言语幽默，甚至经常有些粗卑。其中一首这样写道：

> 我是一个多么棒的人哪，给人们带来快乐，
> 经常给邻居帮忙，从不伤害村里任何人，
> 除了要杀害我的。
> 我站起来很高，躺下能覆盖整张床；
> 我有着蓬松的毛发。有时我遇见一个
> 年轻美丽的农民之女。
> 当她终于抵达时，我看到了
> 一个头发微卷的姑娘，湿润着眼眶。¹⁶

谜底是：洋葱。

不管怎样。1000年的到来并未如预料那般成为世界的结束——事实上他们还搞错了基督的生日，差了6年——尽管王后在那之后不久就逝世了。这时，有臣子提出了一个独到的计划，他建议与另一个部族结盟以抗击维京人的入侵，那个部族就是诺曼人。那么，接下来又会形成什么样的混乱局面呢？

1066

第3章

诺曼人

The Battle of Hastings, Anglo-Saxon and Norman England

卧榻之侧

9世纪时,英格兰在遭到丹麦人袭击的同时,也发动了对法兰克王国的进攻。法兰克的前身是罗马帝国的高卢省,在西罗马帝国覆灭以后,这里成了法兰克人的领地。法兰克人是日耳曼蛮族中最强大的一支部落,部落首领查理曼(Charlemagne)在公元800年被教皇正式加封为"西部皇帝"(Emperor of the West),从此开始了被称为"神圣罗马帝国"的历史。这其实是个复杂而没有任何实际意义的政治体,怪异的是,它一直存续到了拿破仑时期,却没有任何人——包括当时的人——能够理解这个名称的含义。在查理曼上位之前,欧洲曾经历了一场"卡洛林文艺复兴"(Carolignian Renaissance),这场运动实际起源于中世纪,所有我们能联想到的跟那个时代有关的事物,从罗马风格的宗教建筑、城堡,到卡洛林字体,都是这场运动带来的。但查理曼的帝国没有任何真正的凝聚力,它能够存在如此之久,完全是因为有一位残酷冷血而强大如斯的统治者(查理曼的确如此,死于他手下的撒克逊人约达4500人[1]，原因是他们不肯皈依基督教）。然而，查理曼的孙子们却互相厮杀起来，陷入战争泥沼的帝国向继续侵略步伐的维京人敞开了大门。最严重的一次侵略发生在公元851年，半传说中的人物拉格纳·罗斯布鲁克（Ragnar Lothbrook）率领一支军队攻打巴黎[2]，但此次更受威胁的是我们通常称为纽斯特里亚（Newstria）的地区，此地就在巴黎上游，有许多港口和河流，正是维京人喜欢占领之地。

阿尔弗雷德大帝登上王位之后，英格兰对法兰克的进攻更加猛烈了。公元912年，一群维京人在塞纳河边定居，他们决定，无论法兰克人态度如何，他们都要在这里住下来。法兰克国王糊涂查理（Charles the Simple）绰号虽如此，实际上却非常狡猾（他的绰号更应该翻译成"诚实的"），他认为，团结这些定居下来的北欧人，利用他们来对抗其他维京人会更加有效。他一定以为这些强盗的殖民地很快就会毁灭或者被吞并——但事实证明诺曼底公国最终成了可怕的魔鬼，给法兰克和英格兰带来同样的灾难。

通常我们称这部分诺曼人为"法兰克维京人"，他们与其他维京人不是同一支。从文化和军事策略上来看，1066年的这批诺曼人更像是法兰克人，他们从不靠海作战，而是在马背上战斗，说法语，与法兰克人信仰相同，就连喝酒这方面，他们也如法兰克人一样非常克制——而英格兰人则比他们嗜酒得多。这批诺曼人中的编年史家经常鄙视英格兰人，嘲讽他们每年消耗大量酒精，这种评论绝不是斯堪的纳维亚人能说出来的。如果一定要说这支维京人有什么让人喜欢的地方，那就是他们至少不伪善。

实际上，这支诺曼人从血统上来讲与维京人并不十分亲近。2015年的一项调查就以诺曼底地区的北欧居民作为对象，调查结果显示，只有15%的人在血型上跟斯堪的纳维亚人有渊源，没有任何一个样本与挪威人有亲缘标记。³ 那么最可能的情况是，来到法兰克的这一支维京人是一支非常小的部族。

这支北欧人的头领是赫罗尔夫（Hrolf），或称罗夫（Rolf），法语叫罗洛（Rollo），他同意了查理提出的条款。不过另一个稍微不同的版本，说罗洛拒绝向任何人鞠躬，所以当他们签订合约那天需要亲吻法兰克国王的脚趾时，他派出自己的手下来完成，但这名高大笨拙的手下却将查理倒着拎了起来，因为他也不想卑躬屈膝。

查理最终将女儿吉斯拉（Gisla）许配给了罗洛，罗洛也许诺将成为基督教徒，但其实跟其他维京人一样只是走个形式而已，并不能真正理解其教义。罗洛给教堂上贡了礼物，同时还组织了献祭异教徒的活动，这一招叫两面下注。⁴

然而，吉斯拉没有留下子嗣就离世了，罗洛随后重新将自己的情妇波帕（Poppa）扶正，他们的儿子长剑威廉（William Longsword）在他去世后继位。在威廉治下，这片聚居地不仅得以存续，更繁荣昌盛起来。早期的移民者摧毁了这片地区的绝大多数修道院，但随着这里被冠名"诺曼底"［Normandy，意为"北欧人的土地"（land of North-me）］并为世人所知，这些诺曼人成了最虔诚的基督教徒，甚至变得有些狂热。

尽管一个世纪之后，这里的诺曼人都开始讲法语，他们仍然与斯堪的纳维亚半岛有联系,也允许来自他们先祖国家的友军将诺曼底作为攻打英格兰的基地。这对英格兰来说是极具毁灭性的,埃塞尔雷德一度想要发兵诺曼底,但这个作战计划最终失败,正如他的计划很可能会取得的结果。所以,在埃塞尔雷德的妻子艾尔夫吉弗(Elfgifu)去世以后,这位当时已经30岁的国王想了另一个办法——他决定娶12岁的诺曼公主、理查德公爵之女艾玛(Emma)为妻,以拉拢诺曼人。古怪的是,埃塞尔雷德并不喜欢艾玛的名字,而更喜欢叫她艾尔夫吉弗,而她也一定很喜欢这个名字,这让人感到费解。这段婚姻本也不会快乐,在不快乐的联姻期间,作为合作方的王后只表现出对丈夫的鄙视,而毫无半分感情。

艾玛的家族长期以来保持着非常规婚姻的传统,因为这时的诺曼人还没有完全丢弃维京人古老的一夫多妻制习俗。罗洛的儿子威廉在被佛兰德伯爵杀害之前,就拥有一位妻子和一位情妇,但与他父亲一样,也是只有情妇为他生育了孩子。[他的前妻鲁特佳德(Luitgarde)与她的继任丈夫倒是育有三个孩子,她这位丈夫的名字很棒,叫魔法师西奥博尔德(Theobald the Trickster)。]

艾玛的父亲、无畏者理查德公爵(Duke Richard the Fearless)也有着同样形式的婚姻。艾玛的母亲贡纳(Gunnor)偶然遇见理查德的时候,他正在一场狩猎中相中了她姐姐,但贡纳的姐姐对理查德不感兴趣,于是在理查德来到她家时将贡纳送到了理查德身边。这大概可以算是个美好的结局,虽然理查德已经娶了一位法兰克公主为妻。

贡纳与其他贤惠的诺曼女人一样虔诚,她将土地捐给了圣米歇尔山(Mont Saint-Michel)的修道院。[5]一位与她关系密切的修士杜多(Dudo)评价她"深谙作为女人的美德",不管含义如何,总是体现了她的一些品质。另一位修士沃纳(Warner)也曾写诗赞美她。[6]

艾玛最终成为两任英格兰国王的妻子,她的两个孩子也都成了国王,她同时还是两个孩子的继母,但他与埃塞尔雷德的婚姻却成了英格兰历史上最具灾难性的外交决策之一。

年轻的诺曼公主在1002年春天抵达英格兰,这段时间维京人频频发起攻击。艾玛才十几岁,而她的丈夫比她年长二十多岁,已经有至少十个孩子,有些孩子都已经长大成人了。联姻的两个家族互不信任,艾玛作为法兰克人也并不受到欢迎,更糟糕的是,艾玛的一位法兰克随从投靠了维京人,出卖了埃克塞特城。他为何要这么做,以及艾玛是否应当承担责任,我们无从知晓,但这已经成为一个不幸的开端。

尽管这些生活在边缘地区的诺曼人本身就挺野蛮的,艾玛还是能够感受到英格兰政治有多么残酷无情。就在她婚礼前夕,埃塞克斯郡长与维京人达成协议,答应付给他们一些赎金,但随后就与国王的最高司法长官发生了争吵,并在暴怒中杀死了对方。这位郡长最后被驱逐出英格兰。

艾玛和她的丈夫到最后彻底厌弃了对方,埃塞尔雷德"对自己的妻子是那么无礼,甚至没法委屈自己与她同床,他整日与情妇们厮混,令整个皇室都名声扫地"。[7]

八字胡斯韦恩

就在艾玛抵达英格兰的同一年，也正是埃塞尔雷德经历了十年的无所作为后，他终于失去了耐心，11月13日，在他的指示下，英格兰士兵发动了对丹麦移民的屠戮，这起事件史称"圣布莱斯节大屠杀"（St. Brice's Day Massacre）。据史书记载，他曾这样说道："我发出了一道命令，它来自我手下重臣和高官的建议，目的是让所有在不列颠岛上成长起来的丹麦人——他们像麦田里的野草一样疯狂成长壮大——都在一场绝对正义中迎接毁灭。"

尽管这项命令有可能只是针对一部分将被处死的人，甚至可能对象只有曾经在埃塞尔雷德麾下作战的丹麦雇佣兵，但有些记录却显示，女人和孩子都遭到了杀害。最恶劣的一次是当牛津地区的丹麦人躲到圣莱兹怀德教堂（Church of St. Frideswide）避难时，据说他们全部都被烧死了。据当地的传说，被捕的丹麦人被活活剥皮，在他们死去之后，他们的皮被制成教堂的门。不过后来的实验显示，11世纪的教堂大门都是用常见的牛皮做的，所以这很可能只是编故事的人用来吓唬小孩子的。不过，2011年在牛津圣约翰学院的地下发现了39具男性遗骸，很像被杀害的丹麦人，法医学鉴定结果显示，这些受害者被砍死时正在拼命逃跑。[8]这场骇人听闻的屠杀也是非常愚蠢的决策，它导致了一个暴力的维京人发起反击，他就是丹麦国王八字胡斯韦恩（Sweyn Forkbeard，986~1014年在位）。

斯韦恩在10世纪80年代推翻了父亲蓝牙王哈拉尔一世（Harald Bluetooth，940~986年在位）的统治，自立为君。丹麦此时才刚刚统一不久，据日耳曼编年史家不莱梅的亚当（Adam of Bremen）记载，丹麦的统一者、斯韦恩的爷爷老者戈姆（Gorm the Old）曾将基督教传教士迫害致死。所有记载都显示，戈姆是个坚定固执的人，同时也深爱着自己的妻子，在妻子死后，他修筑了很多有如尼铭文①的石碑来纪念她，称为耶灵石（Jelling Stones），至今仍然存世。（这个时代所有的历史人物似乎都表现得很忠诚，是用情至深的好丈夫。）

戈姆的儿子哈拉尔绰号"蓝牙王"，这可能反映了他糟糕的牙口，后来他竟然成了一名基督教徒，毫不夸张地讲，这足以让他父亲死不瞑目。⁹蓝牙王在公元960年皈依基督教，原因非常具有维京人的风格——他目睹了一位名叫波普（Poppo）的神父手持烧得通红的火钳却没有被烧伤，随后便信了教。波普胆量过人（或者说有些愚蠢），他告诉维京人他们崇拜的是魔鬼，然后接受了挑战，要举起烧红的火钳走过数个地方而不能丢掉它——这真是不可思议，事后他肯定清理了伤口。基督教在斯堪的纳维亚半岛的传教事业一直以进行关于爱与和平的理论斗争为主，因此几十年间毫无进展，直到这一次的事件深深震撼了国王。哈拉尔对新的宗教充满热情，他甚至让自己的父亲也皈依了基督教，尽管实际上老戈姆早已去世了，他仍将父亲改葬至新修建的基督教堂里。

---

① 如尼文（rune），一类已灭绝的字母，在中世纪的欧洲用来书写某些北欧日耳曼语族的语言，特别在斯堪的纳维亚半岛与不列颠群岛通用。——译者注

斯韦恩稍早前就曾发起过对英格兰的攻势，之后他又征服了挪威，并在战役中杀死了挪威国王奥拉夫，在那场战役中，奥拉夫跳出自己的战舰"长蛇"，身着盔甲活活淹死了。（斯韦恩和他的挪威盟友一起，带着130艘战舰出战，而奥拉夫只有11艘战舰，奥拉夫那进行得更为积极的传教事业也就此终结了。）由于斯韦恩的姐姐根尼德（Gnnhild）也是圣布莱斯节屠杀中被害的一员——至少斯韦恩是这样声称的——所以他以此为由，展开了对英格兰的掠夺，尽管说实话，他其实也不需要这样一个冠冕堂皇的借口。据记载，根尼德是维京人帕里西（Pallig）的妻子，帕里西曾为埃塞尔雷德效力，但又背叛了他。在被杀害之前，根尼德还目睹了自己的丈夫被处死的场景。

造成根尼德死亡的罪魁祸首是一个名为埃德里克（Eadric）的麦西亚贵族，他的绰号"斯特奥纳"（Streona）意为"掠夺者"（the grabber）。许多记载都讲到，他曾从背后刺伤别人，既有隐喻暗示的意味，也如字面所说确有其事。他实在是个典型的、无药可救之人，关于他的所有记载都让人难以置信。埃德里克杀人或伤人的间隔绝对不会超过一年。

国王身边围绕着一群庸臣，斯特奥纳只是其中最突出的代表。他们不但天性恶毒，还毫无能力，而国王埃塞尔雷德日渐衰老，他做出的决定也愈发昏聩。1005年，国王的两位谋士相继去世，使得国王治理国家的能力更加低下。紧接着，贵族埃福赫尔姆（Aeflhelm）被埃德里克杀害，他的两个儿子也被刺瞎了双眼——埃德里克的这种行为已构成当时最严重的罪行，但他贿赂了国王的谋士，逃脱了惩罚。这位谋士随即遭到罢黜，理由是他"评判有失公允，行为傲慢无礼"。这样，国王又失去了一位帮手。埃德里克还娶了埃塞尔雷德的女儿为妻，使得当时的情况更加复杂。

1005年维京人的确短暂地离开过英格兰，但那是因为发生了大规模的饥荒。翌年，八字胡斯韦恩就卷土重来，并在1007年再次进犯，这一年的入侵换来了更大数额的赎金，维持了两年的和平。1006年的入侵值得一书，这年丹麦军队践踏了英格兰南部，他们进攻了威尔特郡自卫队的一个集结地——名字有些搞笑，叫"绿帽山"（Cuckamsley Knob）。

英格兰王廷似乎已经分成了两个不同的派系，分别延续了古代王国韦塞克斯和麦西亚的势力，尽管这听起来有些滑稽，但1005~1006年的宫廷政变正是由此而来，政变的发起者正是麦西亚的斯特奥纳。1007年也是特别屈辱的年份，埃塞尔雷德在这一年付出了3万磅白银的丹麦金，斯韦恩的军队横扫了英格兰南部，在当时的首都温切斯特城墙外逡巡不去，受惊的市民们整日目睹敌军在外虎视眈眈，而国王却早已逃到什罗普郡（Shropshire）躲了起来。

国王埃塞尔雷德进行的一项改革规定，每310海德土地需提供建造一艘战舰的费用，每8海德土地需提供一名士兵的装甲费用。到1009年，埃塞尔雷德已经装配了80艘战舰，组成了英格兰历史上最大规模的海军。当这样庞大的一支舰队出现内部哗变时，混乱的场面一度非常壮观。这支英格兰海军最终在汉普郡海岸自相残杀，在维京人到来之前就自己先毁去了三分之一的舰船。无论怎么看这都不是一次成功的统帅行动。内部动乱的根源在于指挥权的争夺：斯特奥纳的弟弟布里特里克（Brihtric）是朝中麦西亚一派的首领，他指控韦塞克斯一系领袖乌尔夫诺斯（Wulfnoth）曾有过海盗行径。乌尔夫诺斯"诱骗20艘舰艇上的船员，使他们背离自己所效忠的主人"，他们擅自离开，转而袭击了南部沿海地区。布里特里克与麦西亚一派的几位贵族率兵追击他们，战舰却大都在风暴中被摧毁了。

国王别无他法，在1012年正式开始征收一种兵役税，称为"heregeld"或"gafol"（意为"贡金"），或是大家熟知的丹麦金，这样就将自付给奥拉夫赎金以来的数次征税活动制度化了。丹麦金是自罗马时代以来，欧洲第一次出现以国家为单位征收的官方税收，一直持续到1161年，尽管到最后这一年，距维京人上一次出现已经过去一百年了。这笔钱大部分用于雇用一群丹麦人击退另一群丹麦人，因为英格兰没人有能力组织和领导一支强力军队。

次年，斯韦恩发起了一次对英格兰的全面入侵，据一份记载显示，他发起此次进攻是因为害怕埃塞尔雷德进攻丹麦，而他之所以会认为英格兰国王能做成这件事，完全是出于别人的猜想。斯韦恩率舰队沿亨伯河（Humber）而上，而同时，另一个令人恐惧的北欧人高个子托尔克尔（Thorkell the Tall）率军抵达英格兰东南部，并洗劫了坎特伯雷。托尔克尔属于一支新的维京人部族，叫"Jomsvikings"，意为"超级维京人"，他们是某种早于十字军时代的骑士团体，与后来的圣殿骑士团类似，但也许他们并不那么热衷骑士精神和拯救妇幼的浪漫故事，而更关注暴力。

托尔克尔的军队一路烧杀抢掠，踏过了英格兰南方的土地，而国王却只是发布了一道法令，命令臣民进行三天的祈祷。人们只有面包、香草和水作为饮食，而每个人都要光着脚走去教堂，"不许携带任何金银或金银首饰"。每个教堂都贴着这份新颁布的法令，法令结尾写着"上帝帮助我们，阿门"——这语气更多的是安慰，如同飞机驾驶员告诉大家不要恐慌。[10]同时，伍尔夫斯坦主教制定了关于在礼拜日进行贸易的法律，禁止商店在周日开业，以期说服上天站在英格兰这一边。

托尔克尔带着手下这帮超级维京人来到坎特伯雷，绑架了不幸的大主教艾尔费耶①，在数个月的监禁之后，几个醉酒的维京士兵用牛骨将他活活打死，而那天早晨正是托尔克尔同意进行受洗的日子。他对手下的这种行为感到厌恶，因此决定要改变自己的信仰。（埃塞尔雷德也给了托尔克尔一大笔钱，也许启发了他的良心使他做出了正确的选择。）

在丹麦人带来猛烈侵袭的同时，斯韦恩已经征服了英格兰的北部和东部。他率军一路占领牛津、温切斯特和巴斯，不到一年时间几乎整个国家都愿意承认他为国王。埃塞尔雷德失去了太多的民心，以至于这个国家的人民已经准备给丹麦人一个机会，由他们来统治了。让维京人统治英格兰的最大优势就是，至少他们能有效地阻止其他维京人的入侵。

---

① 艾尔费耶（Aelfeah），出生于公元953年，曾担任温切斯特主教、巴斯修道院院长和坎特伯雷大主教。他在被维京人俘虏后拒绝英格兰方面将他赎回，去世后被封为圣徒。——译者注

最早向斯韦恩投降的人里就有诺森布里亚伯爵勇敢者尤特雷德（Uhtred the Bold）[11]和埃塞尔雷德的女婿（他娶的是国王的女儿艾尔夫吉弗）。而与此同时，有一位名叫艾尔弗姆（Aelfhem）的贵族死于埃德里克·斯特奥纳的谋杀，但他的女儿嫁给了斯韦恩的儿子克努特（Cnut，995~1035），或称卡努特（Canute）——让人迷惑的是这个女儿也叫艾尔夫吉弗。埃塞尔雷德以谋杀手段排除异己的做法也造成了朝臣的纷争不和。

接着发生的一件事更加说明了埃塞尔雷德的懦弱狡猾，他悄悄逃到了诺曼底，留下自己的儿子刚勇者埃德蒙（Edmund 'Ironside'，即埃德蒙二世，1016年在位）领导对丹麦人的战争。埃德蒙比他的父亲强大得多，他异常英勇，终于击退了斯韦恩，迫使他带着部分人质离开了英格兰。5周之后斯韦恩就离开了人世，《盎格鲁-撒克逊编年史》中称这是一个"欢乐的时刻"。[12]而这时，盖恩斯伯勒（Gainsborough）的维京首领们已经宣誓效忠年仅18岁的克努特，[13]更南方地区的统治阶层派出了船队去诺曼底迎回埃塞尔雷德，于是，国王回到英格兰之后，穿过林肯郡（Lincolnshire）朝着克努特的大军迈进。

贵族们其实很不愿意迎回埃塞尔雷德。老国王曾正式同意过一些条款——这是英格兰史上已知最早的国王与臣子之间的协定，他在协定中承诺将会以更好的方式治理英格兰。1014年的这份协定中，贵族们写下了这样的声明："合法的领主永远是他们最尊敬的人，只要他改正失误，更加公正地统治王国"，这显示了他们对国王能力并非全然信任。

埃塞尔雷德仍在与丹麦人抢夺伦敦塔的控制权，这时他的一个新盟友、年轻的挪威国王胖子奥拉夫二世（Olaf the Fat，1015~1028年在位）出了个主意。维京人竟然在保卫伦敦，这听起来似乎有些奇怪，但事实上第二轮北欧人入侵情况要复杂得多，因为许多斯堪的纳维亚人为英格兰效力。反抗斯韦恩入侵最为激烈的一支部队是东安格利亚的丹麦人，由盎格鲁–丹麦混血的乌尔夫克尔·斯奈林（Ulfkell Snilling）领导，他在诺维奇地区（Norwich）实力强大，这片土地有时被称作"乌尔夫克尔的土地"。胖子奥拉夫是金发王哈拉尔一世的玄孙，他死后被追封为圣徒，一生充满了争斗。不过那时他才刚满18岁，身体非常强壮。据北欧编年史《挪威王列传》（*Heimskringla*）记录，丹麦人此时在伦敦苏瑟维克区（Southwark，也就是今天的南华克）占领了一座堡垒，同时占领了伦敦桥，而奥拉夫的军队则在泰晤士河以北，伦敦桥被更多的丹麦人包围了。这个情形看起来就像是陈兵两端的丹麦人要与占领伦敦桥的丹麦人结为同盟了，此时胖子奥拉夫主动发起了一次攻桥战，他们乘坐长船向大桥进发，在船上覆盖了柳条和新做的木板以抵抗火攻。

奥拉夫将缆绳绑到桥底的木制地桩上，将绳的另一端紧紧系在下游的船上，这些船一直在受到石头和长矛的投掷攻击。老旧的桥桩终于受不住大力牵扯而垮塌了，桥上的丹麦士兵纷纷落水溺亡，挪威人和英格兰人得以在泰晤士河以南的一处不设防地带登陆，一举夺回了苏瑟维克。

在强大的维京人毁去伦敦桥的地方，至今仍有一处圣奥拉夫阶梯（St. Olaf Stairs）纪念此役。现在人们也还会在操场上玩类似的游戏。13世纪的挪威史诗《奥拉夫·哈拉尔松传奇》（*The Saga of Olaf Haraldson*）中有这样一段歌词："伦敦桥倒塌了，黄金胜利了，白皮肤的人赢得了赞誉。"到17世纪，这首诗歌的现代版本《伦敦桥在倒塌》（*London Bridge is Falling Down*）在英格兰传唱。[14] 奥拉夫后来被封为圣徒，尽管他在位期间"轻微地沉迷女色"——但是，人无完人！

尽管获得了这一次胜利，英格兰仍然处在深重的压迫之下。还是在1014年，伍尔夫斯坦主教写下了《伍尔夫给英格兰人的布道书》（*The Sermon of the Wolf to the English*）。他在书中指出，英格兰民众现在所遭受的痛苦都来源于他们自己所犯下的罪孽。[15]伍尔夫斯坦是约克大主教，通常称为"天狼"（Lupus，即wolf），以与之前同名的主教区分，他喜欢这样激烈的布道辞。当维京人到来时他曾声称："这是注定的，而且很早之前就预言过了，'撒旦会在一千年后重获自由'。距离基督还是普通人的日子已经过去了一千多年，而束缚撒旦的绳子已经滑落，因此反基督的时代马上就要来临了。"伍尔夫斯坦这个人一定很有幽默感。

尽管伦敦之战取得了胜利，局势却愈发糟糕了。1014年6月，埃塞尔雷德的长子埃特尔斯坦去世，9月，英格兰遭受了有史以来最严重的一次洪水灾害。

埃塞尔雷德组织了一次会议，希望召集大家团结起来共同对抗新一轮的维京人入侵，凡参会者之前所犯的过错都能得到原谅。然而，他和他的亲信们终究没能拯救自己，1015年甚至又发生了恶意的谋杀，北部的两位塞恩斯格菲尔（Sigeferth）和莫卡（Morcar）被埃德里克和国王背叛，悲惨死去。埃塞尔雷德掠夺了他们的财产，斯格菲尔的遗孀艾尔基丝（Ealdgyth）被送到了马姆斯伯里修道院。不过后来刚勇者埃德蒙起兵反抗自己的父亲，占领了英格兰北部并迎娶了艾尔基丝。

埃塞尔雷德的身体每况愈下，毕竟当国王压力很大。1016年，他在丹麦人再次进攻伦敦的过程中去世了，遗体被安放在圣保罗大教堂。他至今仍被公认为英格兰历代统治者中最糟糕的国王之一，尽管他在位时也出现了一些美妙的艺术，大量的手稿材料是这个时期遗留下来的，包括《贝奥武夫》（*Beowulf*）的一个版本，以及《埃克塞特诗集》，并且修建了许多修道院。但这些功绩与决策无方的国王并无什么关系。

不过，国王的确留下了一项很重要的遗产。据《编年史》记载，997年，"埃塞尔雷德命令市政司法长官和各地区的12个大地主分别宣誓，绝不任意指控清白之人，也不放过任何一个罪犯"。这是关于"控诉陪审团"的最早记录，它后来发展成为著名的大陪审团。这可能源自英格兰东部的一项更古老的习俗，也可能是斯堪的纳维亚的传统，但直到埃塞尔雷德时期才将它正式化。尽管英格兰已经在1933年废除了这项制度，但大陪审团制至今仍是美国司法系统的一部分。从最后的结果来看，埃塞尔雷德对律师这个职业所造成的影响，要比他对维京人造成的影响大得多。

1066

第4章
克努特大帝

The Battle of Hastings, Anglo-Saxon and Norman England

维京征服

斯韦恩去世后,他18岁的儿子克努特在桑威奇(Sandwich)登陆,向英格兰归还他父亲俘虏的人质——但削去了他们的双手、双耳和鼻子(虽然另一些记载要柔和一些,说他只是让人破开人质们的鼻子,削手耳的说法是故意夸张抹黑)。做完这件事以后,年轻的国王开始无所事事起来,他将丹麦交给哥哥哈拉尔治理,自己花了两年时间,带着一万名丹麦士兵巡视北海周边的领土,度过了可能是历史上时间最长、规模最大、最为血腥的间隔年。

由于此时英格兰国王埃塞尔雷德已经去世,克努特带着160艘战舰登陆英格兰,很多乡镇都接纳他为新的国王,可能是因为他们需要一个敢于壮士断腕的强势领导者。从向克努特宣誓效忠的名单来看,很多英格兰贵族也选择支持这个性格火暴的年轻人,尽管过程并非一帆风顺。比如,诺森布里亚的尤特德(Uhtred of Northumbria)在投降之后,仍被克努特的卫队给杀害了。

与此同时,刚勇者埃德蒙得到了维坦(Witan)或称咨议院

（Witenagemot）的支持，字面意思是"贤人会议"，这是盎格鲁-撒克逊时期流传下来的一种执政机构，主要任务是推选国王。有人猜测维坦可能就是国会的前身，它作为英格兰最古老的政府机构，也是盎格鲁-撒克逊王国的一个重要特征，可能早在7世纪就已经出现，甚至可以追溯至盎格鲁-撒克逊人在欧洲大陆上生活的时代。但另一些历史学家认为这只是维多利亚时期浪漫的无稽之谈，是为了显示英格兰自古以来的辉煌而编造的。不管维坦实际发挥了多少作用，总之它被诺曼人废除了。[1]

尽管克努特有时候状似狂躁疯癫，埃德蒙也不是什么内敛羞怯的人，他曾经朝埃德里克·斯特奥纳掷出长枪，力量之大以至于长枪从埃德里克的盾面弹开，穿透了旁边的两个人。埃德里克当然罪有应得。

当丹麦人的160艘战舰抵达英格兰海岸时，埃德里克立刻改变了立场，带着自己的40艘战船投奔了克努特。随后在1016年，当埃德蒙取得战场优势，似乎即将获胜时，埃德里克又见风使舵转投了埃蒙德。然后，双方在埃塞克斯的阿散顿（Assandun）展开了一场关键性决战，最后埃德蒙战败。关于这场决战我们现在掌握的信息非常少，我们知道的是，多尔切斯特（Dorchester）主教在做弥撒时便被杀害了，另一位男修道院院长也在战斗中死去（那时神职人员参战绝不是一件小事）。

在那之后，埃德里克又一次变节，回到了克努特一方。

在长达数月的战争之后，埃德蒙同意与丹麦人签和约。正是埃德里克站出来，促成双方在格洛斯特郡（Gloucestershire）的塞汶河畔见面，交换人质并划分领土。然而，在中世纪早期，没有哪个故事不是以神秘而突兀的死亡作为终结的。当年11月，埃德蒙过世，四起的流言纷纷指称是克努特的支持者或是埃德里克谋杀了埃德蒙，并且手段异常残忍。12世纪的历史学家亨廷顿的亨利（Henry of Huntingdon）记录到，当埃德蒙在马桶上"解决内急"时，被恶毒的贵族埃德里克从背后刺杀而死。一位诺曼历史学家指称，埃德里克发明了一种弓箭，将埃德蒙从"臀部"到"肺部"一剑刺穿，一点痕迹都不会留下[2]，但这种弓箭似乎已经超出了那个时代的技术范围了。[3]

胜利的克努特成了唯一的统治者，他按照维京人传统，立刻迎娶了败方的妻子——诺曼底的艾玛，尽管他那时已经娶了另一位艾尔弗吉夫。艾玛在嫁给克努特之后，对他非常用心，与她对待第一任丈夫埃塞尔雷德时十足的鄙视和厌恶形成了鲜明对比，这成了埃塞尔雷德在历史上名声不佳的又一理由。

多年之后，艾玛正式委托他人为自己写书写传记，标题很谨慎，叫《歌颂王后艾玛》（*In Praise of Queen Emma*）。书中描写克努特的侵略战舰——"只要有一丝阳光投射下来，武器的反光就会立刻闪耀起来，高悬的盾牌也会反射出光芒"。最好的维京战舰的确当得起如此的赞美，它们叫drekkars[①]，或称作"龙"，因为船身

[①] 维京长船的一种。长船可以根据尺寸、建设情况和显赫程度分为很多种类。"Drekkar"只出现在历史文献中，未发现任何实体船只。历史上著名的有13世纪的Göngu-Hrólfs Saga (the Saga of Rollo)。文献形容"Drekkar"装饰优雅华丽，但用作袭击和掠夺。船头的雕刻如龙和蛇，据说是为了保护船舶和船员，并避开北欧神话中可怕的怪物。这些木雕可能是一种仪式的象征，或意图吓唬敌人和民众。——译者注

绘有精致的龙的图案，每一艘战舰都是一道美丽的风景。丹麦战士们都精心装饰了自己，头戴首饰，胸前别着大大的胸针，手上戴着金戒指，华丽的腰带束紧外衣。

艾玛的传记里还将克努特对她的追求写得非常浪漫，可能比事实本身要浪漫得多。据说维京人派出一支队伍寻找贵族女性，要"合法地得到她的首肯"，但最终他们找到的是艾玛——"那个时代最为出众的女子，因她无双的美貌与智慧"。这里暗示了艾玛被求婚的事实，尽管维京人并未真正做出类似"求婚"的举动——《编年史》中仅仅记载了克努特命令艾玛"成为他的妻子"。与之形成对比的是，《歌颂王后艾玛》中甚至没有提到她的前夫埃塞尔雷德，这对一本回忆录来讲真是一个巨大的疏忽。

1016年丹麦人的入侵和半个世纪之后的诺曼人入侵有着许多相似之处，尽管克努特是初始时残暴无情，逐渐变得成熟柔和，而征服者威廉则是以缓和的态度开始，之后才日益暴躁起来。刚继位时，克努特残酷杀害了若干反对者，其中有4位是英格兰的贵族领袖，但克努特也有着自己的公平原则：不久之后他就处决了埃德里克，理由是埃德里克为了他背叛了自己的人民。艾玛传记在谈到埃德里克之死的时候非常开心，据艾玛讲述，斯特奥纳向克努特索要报酬，理由是自己背叛了埃德蒙而帮助了克努特，于是克努特对身边一位名为埃里克（Eric）的挪威人说："给他我们该给的：也就是说，杀了他。"

亨廷顿的亨利曾回忆，当埃德里克告诉克努特他已经杀了埃德蒙，丹麦人回复说："你做了这件事，我要提拔你，你的功绩比其他所有英格兰贵族都要高。"随后就将他斩首，并将他的首级钉在伦敦塔上（后来发现所谓的首级并不存在，使这个故事的可信度打了一点折扣）。而《编年史》中则只是简单陈述道：埃德里克"被公正处决了"。相反的是，克努特对那些曾经效忠敌手的人却非常宽宏大量，根据艾玛的传记所说，他"喜爱那些曾经为埃德蒙效力，并对埃德蒙忠心耿耿、不离不弃的人"。

克努特上位后的第一件事就是征收了82000磅丹麦金，用来奖赏自己，他将其中的大部分用来犒赏自己的军队，让他们回到故乡去，但附加了一个残酷的前提条件——这是埃塞尔雷德未曾要求过的——那就是不允许他们再回英格兰，一旦回来，将会受到暴力制裁。

这是英格兰第一次受维京人统治，尽管新国王在年轻时是个血腥杀手，但他也成了狂热的基督教徒。1023年，他举办了全国性的宗教和解仪式，将阿尔菲耶大主教的遗体从伦敦运回坎特伯雷，基督教和旧教的信徒们走在迎送队伍的前面。殉道的主教遗体成了反丹麦情绪的一个焦点，所以克努特希望将他移出伦敦（不管克努特信仰如何，他做的每一件事都有更深层的目的）。

国王非常喜欢这类招摇过市的行为，埃德蒙去世之后，克努特曾去格拉斯顿伯里（Glastonbury）为他扫墓，并称他为"兄弟"——鉴于他曾经在1017年杀害埃德蒙的同胞哥哥埃德威格，这样的举动让他更像是个虚伪的两面派。到这时为止，埃塞尔雷德第一任妻子所生育的所有男性继承人都死了，但刚勇者埃德蒙还有两个孩子，分别叫爱德华和埃德蒙。克努特将他们送到瑞典，让同父异母的哥哥奥洛夫（Olof）悄悄杀死他们，但奥洛夫同情这两个孩子，秘密将他们送到匈牙利，远远超出了克努特的控制范围。

克努特实行严厉的统治，这让他受到了空前欢迎。他在牛津召开会议，规定英格兰人和丹麦人都必须遵循埃德加国王制定的法律，并使之成为了所有臣民都必须遵守的法典，无论国籍如何。在克努特的统治下，一个丹麦族群在伦敦繁衍生息开来。在河岸街有一条丹麦人街道，在威斯敏斯特有一个丹麦人教区，这两个地方都有丹麦人的圣克莱门特教堂（Church of St. Clement）。[4]克努特将英格兰分为4个区域，将大部分土地授予自己的朋友[5]，使许多丹麦人富贵起来：哈康、哈拉尼（Hrani）和艾利夫（Eilifr）等人都成为大领主（jarls）——这个词本是斯堪的纳维亚的头衔名称，后来演变成英语中的"伯爵"（earl），替换了旧时撒克逊的"郡长"（ealdorman）称谓（尽管郡长作为地方政府职衔一直留存到1973年才被取消）。克努特还任命了一批地方政府官员，也就是每个郡的治安法官，后来称为郡治安官（shire-reeves）或郡守（sheriffs）。现今的英格兰仍有该职位，他们现在扮演的角色多是仪式性的，比如每年戴着鸵鸟羽毛拜见女王一次。但11世纪的郡守地位更像是美国狂野西部中的形象，要骑马四处巡游，时不时除恶扬善。

英年早逝

现在，克努特成为斯堪的纳维亚著名的"克努特大帝"，但在英格兰，他最为人铭记的事情是1023年的一起事件：他试图阻挡南安普顿的海潮。据说这是因为他陷入了自大的幻想中，认为自己作为斯堪的纳维亚最重要的政治人物，已经拥有了控制海洋的力量。他在给自己辩护时说，自己这么做，仅仅是想向那些溜须拍马的朝臣证明，他也是个普通人，他说："我想让所有人知道，国王的力量其实虚无而弱小，只有一个人应当被称为王，那就是我们神圣的上帝，天空、陆地和海洋都听命于他！"

然而，这个故事在流传中逐渐扭曲，很可能是那些农民们在口口相传中误会了它的本来意义，从而变成了他们听说有一个丹麦国王朝大海叫嚣的故事。这个故事告诉我们，永远不要做太过聪明的事，因此大部分人的智商其实根本无法理解。

但是，如果你真要四处去砍掉人们的耳朵，不让他们传谣言，最后你只能发现，在你身边只剩下阿谀奉承之徒。这个故事是在克努特之后一个世纪才开始出现的，所以很难辨别其中到底有多少真实性，也很难弄清楚为什么它会流传甚广。照理来讲，对于生活在克努特统治下的人来说，关于他砍掉所有人质的手和脚的故事应该更让人印象深刻。

在南安普顿事件之后，克努特不再整天戴着王冠，而是将它放在王宫中的神像上。他甚至还为东安格利亚之王圣埃德蒙在伯里（Bury）的圣殿捐款，为祖辈当初的无礼举动赔付迟到的歉意。（艾德蒙曾经向四处劫掠的维京部族提出建议，让他们考虑皈依基督教，并将耶稣的漫长历史精简了讲给他们听，但他们拒绝了。）国王还对教堂出手慷慨，晚年甚至亲自前往罗马，希望上帝能够忽视他曾经犯下的杀孽。

同时,克努特下令摧毁所有异教的神像,并终于下令禁止一夫多妻制,在克努特的法律之下,"凡是不能约束自己婚姻的外国人,都将遭到驱逐,带着他们的家什和罪孽离开此地"。这么做是为了保护人们的灵魂免受"地狱之火"的折磨。实际上,他的宗教热情越发高涨,不仅将所有在安息日工作的人都驱逐出境,而且假如主人强迫奴隶在这一天工作,那么奴隶将获得自由。克努特还规定,如果男人犯了通奸罪,那么他将受到谴责;但如果女人犯此罪,她将受到"公开羞辱,她合法的丈夫将得到她所有的财产……而且她将遭受割去耳鼻的酷刑"。法律还有诸如"忠诚地爱国王克努特"的规定,等等。

但克努特本人对待这些规定的态度却很散漫,当涉及他自己的需求时,他的表现很有斯堪的纳维亚的风格。大部分国王都有情妇,但克努特却继续保持丹麦的传统,他有一个主要的情人,或称伴侣。所以当他成为国王时,并没有与艾尔夫吉弗离婚,他直接娶了艾玛,并将艾尔夫吉弗送到丹麦做王后,养育两个儿子斯韦恩和哈罗德,而艾玛则继续留在英格兰。两个家庭并不友好,在艾玛的自传中,她只是简单地提到了此事:"据说国王与另一个女人也生了孩子。"

在1031年成书的《生活之书》(*The Book of Life*)中,有一幅克努特和艾玛的画像,这本书至今仍保存在温切斯特大教堂。这本书的灵感来自《启示录》(*Book of Revelation*)中的一段,说在审判日这天,死去的人将接受评判,评判的依据是一本名叫"生命册"（Book of Life）的巨大账簿，上书了每个人生前的功过。在每个信教的家庭中，都保留着他们自己的版本，上面写有注定能在死后进入"天堂"的名单，因此，每个人都渴望自己的名字出现在名册上，而不愿死后被投入地狱之火，遭受无尽折磨。幸运的是，艾玛和克努特的名字都在名册之上，所以他们去世后"注定"能够进入"天堂"。书中还附有一张图片，显示了艾玛和克努特夫妇一起将一个巨大的十字架放在教堂的祭坛上，这是中世纪早期的国王罕有的画像，尽管从这幅画里，除了知道他留着胡须之外，我们也读不出更多的信息。关于克努特的外貌，书中形容他"格外高大壮硕，是最为英俊的男人，除了他的鼻子有些碍眼，鼻翼窄细，鼻梁高耸，鼻头是明显的鹰钩状"。根据13世纪冰岛的《克尼特林传说》（Knytlinga Saga）①记载，克努特大帝的眼睛"比任何人都要好看，既英俊迷人，又透射出敏锐的目光"。[6]

图中的克努特国王身旁伴随着一群圣洁的天使，随着年纪渐长，他对于宗教的花费越发铺张招摇。他来到诺曼底的圣欧麦修道院（monastery of St. Omer），在这里放声哭泣，捶胸顿足，状似疯癫，并赐下了大量的礼物。阿尔弗雷德大帝和许多其他名人长眠的温切斯特新大教堂落成时，他还曾赐予一个巨大的金银制成的十字架。

然而，这么做主要还是出于政治原因。这个时代最强的力量

---

① 丹麦王朝（1013~1066）又称克尼特林王朝（House of Knýtlinga），是来自北欧的丹麦人在英格兰所建立的王朝，属于北海帝国的一部分。统治家族叫克尼特林，是传说中维京海盗首领拉格纳的小儿子蛇眼西格德（Sigurd Snake-in-the-Eye）的后代，但英格兰人只知道他们是丹麦人，所以便称之为丹麦王朝。——译者注

仍是神圣罗马帝国，它的领域基本覆盖了今天的德国，尽管皇帝对很多小公国都只有名义上的统治权。但他的确对教皇有很大影响力，作为丹麦国王的克努特意识到，如果得到教廷的支持，那么他统治国家将会容易得多。

11世纪正是所谓的"黑暗年代"（Dark Ages）[7]行将结束的时候，而所谓的"中世纪高速发展时期"（High Medieval Period）即将到来。我们熟知的很多中世纪代表物，如石头城堡和基督教堂，正是在后面这个时期修建的，当然还包括各地兴建的许多修道院，以及后来出现的第一所大学。教皇在欧洲事务中的地位也逐渐确立，直到此时，教皇才真正成为欧洲政治中强有力的角色，对各国君主都发挥着重要影响。这一现象的出现，部分是由于教育的普及，而教育是掌握在基督教手里的。同时，基督教还掌握着相当部分的产业——修道院拥有大量的土地田产，并在畜牧业等行业中占有很大份额（僧侣们养了很多种类的羊，啤酒产业也主要靠他们支撑）。[8]所有这些导致了欧洲的战争次数急剧下降。

作为政治战略的一部分，克努特把女儿贡希尔德（Gunnhild）嫁给了神圣罗马帝国皇帝亨利（即亨利三世），尽管这段婚姻相当不幸。她被指控犯有通奸罪，必须通过决斗来证明自己的清白，这是当时审判的方式，而作为女人，她可以任命一个人代替她去与指控者决斗。不幸的是，指控她的人块头巨大，没人愿意与他进行决斗，只有一个还是随侍（pageboy）①的男孩接受了她的委托，

---

① 贵族子弟成为骑士之前的一个阶段。——译者注

并出乎所有人的意料取得了胜利。贡希尔德因此摆脱了一切指控，并从此拒绝与自己的丈夫同床。

天性多疑的克努特最终与所有自己信赖的朋友都发生了争吵，可能这也是情理之中的事情，他的亲信托尔克尔于1021年锒铛入狱。两年后他们达成和解，主要是因为托尔克尔拥有一支强大的维京人军队。最后，托尔克尔以克努特的名义统治了丹麦，他们交换子女为人质，并让托尔克尔的儿子与克努特的侄女（另一个贡希尔德）成婚。克努特与艾玛的儿子哈德克努特（Hardicnut）从此在丹麦与托尔克尔一起生活，他5岁就离开了自己的父母，由一个自己父亲曾经试图杀死的人抚养长大。所以，他最终没能成长为一个心智健全的年轻人，也是情理之中的事情。

在征服英格兰后，克努特于1025年又向挪威进军，他的军队由丹麦和英格兰士兵杂糅而成，但这一次，胖子奥拉夫击败了他。这场战役之后，克努特和他的姐夫乌尔夫（Ulf）下了一整晚棋。克努特走错了一步，乌尔夫吃掉了他的一个"马"，他们吵了起来。第二天一早，克努特授意自己的下属，在教堂将乌尔夫杀死。

1028年，克努特终于征服了挪威以及一部分瑞典国土，并前往罗马进行加冕礼。[9]他喜欢将自己视为一个基督教君主，但实际上他是个维京人，仍旧保留了维京人的传统。克努特的法律规定："塞恩的子嗣中能得到最高地位的那一个，在继承遗产前，需向国王进贡四匹马，其中两匹无马鞍，两匹装马鞍，以及两柄剑、四副矛和盾、一顶头盔、一副盔甲和五十枚金币。"

克努特于1035年去世，年仅40岁，假如他能活得更久一些，也许能够建立起一个持久的英格兰和斯堪的纳维亚联合王国。然而事实就是如此,尽管在当时颇受欢迎,克努特被历史记住的仍不过是他的名字和对着大海咆哮的典故。

康布雷的若弗鲁瓦(Geoffrey of Cambrai)有一首关于克努特的打油诗:"抛弃夜宴,与贫穷的僧侣结友作伴。抛却浮华,置身劳苦大众,与奴隶称兄道弟。他全身心为上帝服务着。"这便是一部分人对他生前作为的看法。

1066

第5章
戈黛娃夫人

The Battle of Hastings, Anglo-Saxon and Norman England

飞毛腿哈罗德

根据艾玛的传记记载,她和克努特的儿子名叫哈德克努特,意为"坚韧的结",因为有预言称他将超越"同时代所有人,在所有方面都能有卓越的表现"。这显然不可能实现。与国王埃德加一样,一位伟大的国王总是有两位异母的继承者,他们半斤八两,谁也不比谁强多少。克努特于1035年去世,他骤然离世后,贵族首领们在泰晤士河畔集会商讨继承人问题。泰晤士河是韦塞克斯和麦西亚之间的屏障,而在这次会议上,围绕这个不怎么让人激动的选择题,两个古老王国的大贵族有着不同的意见。

艾尔夫吉弗的儿子哈罗德,绰号"飞毛腿"(Harefoot,因为他行动异常灵敏),起先他被任命为摄政王,而哈德克努特只是名义上管理泰晤士以南的地区。但两年之后,哈罗德宣称自己成为掌握全权的国王,将同父异母的弟弟禁足在斯堪的纳维亚。

哈罗德并不受欢迎,人们形容他"傲慢无礼,性格极差",[1]王后艾玛又制造了一则流言,说他实际上由一位神父和女仆所生，这是那个时代统治阶层经常用来污蔑对手的伎俩。² 那么，埃塞尔雷德与艾玛所生的两个儿子——诺曼底的爱德华和阿尔弗雷德——就对王位有更高的继承权。不久，他们收到来信，据说是在英格兰的艾玛写给他们的，结尾有充满被动进攻意味的署名——"徒有虚名的王后"。信中示意要他们带兵前往英格兰，并宣称两个男孩的地位正受一名篡位者的威胁，那就是正在积聚力量的哈罗德。艾玛后来在自己的传记中回忆说，这封信是捏造的，整件事由飞毛腿哈罗德一手策划，如果她的确曾经鼓动过自己的儿子发动这样笨拙的进攻——无疑会遭到惨败——那么她可能会非常尴尬。这就是诺曼人第一次侵略英格兰的历史，与后来的那次相比，这一次并没有那么成功。

两位年轻的王子分别到达了英格兰，尽管我们不知道他们之后的计划如何，谁将成为最终的国王。爱德华抵达南安普顿附近的地区，但这里的海岸防御很完备，他理智地调转船头回到法国，又过了几年仰仗法兰克亲人的日子。他的弟弟阿尔弗雷德经佛兰德到达肯特郡，在这里见到了克努特之前的重臣，现在已是肯特郡富裕地主的戈德温伯爵（Earl Godwin）。

戈德温本是苏塞克斯的一名塞恩，在克努特的提拔下，他成为英格兰实际的统治者，而老去的维京统治者不是待在斯堪的纳维亚，就是在教堂前忏悔哭泣。戈德温的父亲乌尔夫诺斯是曾经与埃德里克在海战中交手的一名贵族，他家族的历史我们知道的不多。戈德温的祖上可能就是贵族出身：一种说法是，他父亲是阿尔弗雷德大帝的兄弟埃塞尔雷德的后裔，毕竟那时候很少有平民能升为贵族；另一种说法是，在1016年的入侵中，克努特的朋友乌尔夫迷路了，他得到了正在放牛的戈德温的帮助，最终年轻帅气的放牛郎迎娶了乌尔夫的妹妹。更有说戈德温的第一任妻子是克努特的妹妹，其实她是个人贩子，专门将英格兰的女孩儿卖到丹麦，直到死于一次闪电事故，有少部分人觉得她是罪有应得。[3]到1020年，戈德温已经成了韦塞克斯伯爵，伴随克努特出征多次，最终成为地方执政官，与第二任妻子、丹麦贵族吉萨（Gytha）共育有六子四女。

克努特对戈德温印象深刻，称赞他"聪明，坚持己见，富有力量和勇气，而且口才上佳"。[4]除了国王，戈德温还得到了其他很多人的赞扬，一位历史学家写道："戈德温是好男人的榜样，他的举止并非作秀，是天性和后天教育使他成为一位绅士，对待所有人都彬彬有礼，无论尊卑贵贱。"然而，他对阿尔弗雷德王子的态度却没那么值得称赞。

戈德温带着阿尔弗雷德王子和他的亲兵队来到伦敦南边的吉尔福德（Guildford），但当晚这支队伍就消失了。黎明时，王子与他从法国带来的队伍发现已经被哈罗德的军队包围了，此时他们已毫无抵抗之力，大部分遭到屠戮，阿尔弗雷德王子被俘。

戈德温很可能参与了这个计划，也可能是国王命令他将阿尔弗雷德交出来的（诺曼编年史家为此责怪他，他们几乎将所有事情都归罪于他，但艾玛似乎却并没有将责任推到他头上）。阿尔弗雷德王子被带到东安格利亚后，被挖了双眼，不久后便去世了。奇怪的是，艾玛的传记在记录这起悲剧时，在文本旁附有两张滑稽的眼睛图片，像是那种表示状态不好的表情图，可能这是它的最初版本。

哈罗德本就不怎么受欢迎，这件事对他的声望几乎毫无影响。尽管国王不得民心甚矣，但他同父异母的兄弟哈德克努特不受欢迎程度更甚，后者因为没有能够当上英格兰国王，只好整日都待在丹麦，脾气一天比一天暴躁。哈德克努特也有自己头疼的问题，大部分与挪威国王马格努斯一世（Magnus，1035~1047年在位）相关。他是胖子奥拉夫的儿子，于1035年继位成为挪威国王，在那之前他将飞毛腿哈罗德的母亲艾尔夫吉弗和兄弟斯韦恩都驱逐出境了。[5]1039年，马格努斯和哈德克努特达成一项约定，如果二者中有谁去世而无嗣，另一人就能继承他的王国。当马格努斯疯癫的舅舅登场之时，这项约定促成了英格兰历史上的一个关键时刻。

金发女子

之后的几年中，哈德克努特都在准备从丹麦发起进攻，当他抵达布鲁日时，被告知哈罗德已死于"精灵弹"（elfshot）——也就是被"精灵"攻击了，那时候人们还不能诊断因病毒引起的病症。随后，哈德克努特砍下了哈罗德的头，将无头的尸体扔进了泥沼，接着在婚宴上喝得酩酊大醉。

他们家历来都不是谙熟心计的王室家族。

哈德克努特作为艾玛与克努特的儿子，没比他的先辈好到哪去，所有记载都显示，他也非常不招人待见，但他的确经历了一个不同于常人的童年,毕竟自5岁以后,他就再也没见过自己的母亲。哈德克努特找了个机会,惩治了所有他认为应该对哥哥阿尔弗雷德的死负责的人,其中包括戈德温。但戈德温向国王贡献了一艘能搭载80人的巨型战舰,又召集全国各地的豪绅作为代表向国王宣誓效忠。

新国王在宣布征收4倍的税,并暴力应对伍斯特(Worcester)1041年发生的抗税起义(在起义中有两名地方官员被杀害,后来国王摧毁了整个城镇)后,很快失去了民心。这种指派王室官员纵马入城,任意屠戮百姓,焚毁房屋的行为,在现代人看来实在是非常残忍,但这在当时是很普遍的做法,当然,也不会让他赢得任何爱戴。

在伍斯特附近的考文垂,麦西亚伯爵里奥弗里克(Leofric)也收到了命令,要强制征收这种不受欢迎的税,这让他的臣民惊愕不已,同样感到惊讶的还有他的妻子——充满同情心的金发女子歌吉弗(Godgifu),她名字的意思是"主的礼物"(God's gift)。男人经常会敷衍着答应妻子的某些要求,其实根本没注意妻子说的是什么,里奥弗里克可能就是在这样的情况下,向歌吉弗许诺他将废除这项税收,前提是她"全身赤裸地从城镇集市中打马而过"。歌吉弗——或者用她后来得到的称呼"戈黛娃"(Godiva)——真的这样做了。她用头发盖住身体,在两名骑手的陪同下完成了诺言。[6]至于说当地居民为表示对她的尊重一致决定移开目光,则是后来才附会上去的。还有细节说,有一个名叫托马斯(Thomas)的傻子看到了她的身体,后来遭到报应,成了盲人,这正是"偷窥狂"(Peeping Tom)这个词的来源。

这起事件成了英格兰历史上最值得纪念的抗税行动。那时的考文垂还只有上百居民,但在它慢慢发展繁盛的过程中,纪念戈黛娃夫人的庆典成了吸引外人的标志性活动,到17世纪,庆典上游行的队伍已经扩大到上千人。⁷

哈德克努特糟糕的统治仅仅维持了两年,就死在自己一名亲信的婚礼上——克努特的心腹骑士傲慢托菲(Tofi the Proud)迎娶奥斯歌德·克拉帕(Osgod Clape)的女儿吉萨的婚礼。婚宴在泰晤士河南岸的朗博斯(Lambeth)举行,根据维京人的传统,婚礼上大家一醉方休,这样的狂饮盛宴可以持续8天。他们有一种特制的调和酒,酒精度高到令人窒息,但如果你拒绝别人的敬酒,将被视为极不礼貌的行为。国王豪饮了许久,然后开始醉醺醺地演讲,还没讲完就倒下了。克努特的王朝就以这样一种不太光彩的方式结束了。哈德克努特生平的事迹中,最仁慈的一件是亨廷顿的亨利所记载的,说哈德克努特的王宫"可以一天举办四次皇家盛宴",这即是说,他能举办一系列上等酒会。

克努特家族最后一位国王的遗体被埋葬在温切斯特的"老教堂"(Old Minster),艾玛花了一大笔钱买下一个圣骨放在他的墓地[据说是圣瓦伦丁(St. Valentine)的头骨,那时圣瓦伦丁还只是作为一名被谋杀的罗马神父而闻名,后来他的祭日才成为热恋男女的节日(St. Valentine'Day,情人节),关联着数百亿美元的卡片和鲜花产业]。至于这所谓的遗骨究竟是不是真的圣瓦伦丁的头骨,就不得而知了。

1066

第6章
忏悔者爱德华

The Battle of Hastings, Anglo-Saxon and Norman England

虚弱的国王

对埃塞尔雷德而言，很不幸的一件事情就是，他的16个孩子里只有一个活到了中年，而这个孩子的性格还有些懦弱。忏悔者爱德华（Edward "the Confessor"，1041~1066年在位）在13岁时就不得不逃离英格兰，到诺曼底投奔自己的舅舅理查德公爵，在他的照顾下才得以顺利长大。尽管爱德华因此更像诺曼人，而没有什么英格兰人的特点，但他与自己母亲的关系甚至还比不上埃塞尔雷德与她的关系，这显然说明了一些事情。

在圣爱德华的名号里，"忏悔者"是"虔诚"的意思，而不是悔过，它意味着这个人的诚心已经足够成为殉道者，虽然并没有发生殉道的事情。圣爱德华在后来的日子里成为了一心向教的典范，而用衡量他先辈的那种低标准来看的话，他也绝对算得上脾气温和。不过，他最终能够得到这样的荣光，主要还是由于那个时代背后捅刀的政治伎俩，他的妻子应时而作的传记，与稍后诺曼人为了打压首要政敌戈德温伯爵所做的宣传，这一切都使他成了人们心中的圣徒，当然他修建威斯敏斯特教堂的政绩也是一份很大的助力。

爱德华被视为虔诚的教徒，很大一部分原因是他在做礼拜时从不像大多数人那样一直讲话，他只是坐在那里凝望天空，就像现在的人经常做的那样。他还首创了一个传统，即国王只要触摸瘰疬患者①，就可以让他们的皮肤病痊愈，这样做能够让国王的力量得到发挥。从此，王室每年都会安排一次君主触摸病人的活动，直到18世纪才终止。¹其实，这种病是肺结核的一种表征，经常自行痊愈，而且没有致命的危害，所以人们很自然地将它的治愈归结为国王之手的神奇力量。

严格来讲，爱德华还是有些怪异。一位历史学家记载道："据目击者称，国王爱德华的性格……有些神经质，并且有妄想症的表现，脾气诡异到让人害怕，经常让人觉得不可理喻。"²至于"他的冷静超然，则可以做另外的解释"。爱德华也能"事无巨细地记得很多往事，能持久地忍受他人的抱怨和诋毁"。

爱德华可能会怪罪自己的母亲，因为在她的安排下，他曾在一出"惊悚家庭心理剧"中担纲主角。艾玛抛弃了爱德华，与斯堪的纳维亚爱人②一起生活，而这个人正是导致爱德华的父亲早早去世的元凶。克努特去世后，艾玛完全无视了儿子，甚至开始积极密谋反对他。她似乎完全不喜欢自己的这个儿子（在书中也几

---

① 瘰疬又称老鼠疮，是生于颈部的一种感染性外科疾病。在颈部皮肉间可扪及大小不等的核块，互相串连，其中小者瘰，大者疬，统称瘰疬，俗称疬子颈。——译者注
② 指克努特大帝。——译者注

乎没有提到过他），而爱德华似乎也非常仇视自己的母亲。

爱德华在哈德克努特的邀请下来到英格兰，在他最后终于当上国王后，阿尔弗雷德大帝一系的王室血脉又重新续上了。然而，爱德华无法摆脱母亲的掌控，因为艾玛不仅是英格兰最富有的女人，还掌控了国库。所以，爱德华与自己的股肱之臣戈德温和里奥弗里克密谋，逮捕了自己的母亲并投入审判，罪行之一是传闻她和斯蒂甘德（Stigand）有染，这位受人质疑者后来被5位不同的教皇宣布开除教籍。艾玛接受的审判并非由12名公正善良的陪审官做出判决——陪审团制度在两个世纪之后才出现；对她的审判是让她走过9个烧红的犁头，脚踩犁头最尖的齿丁——当时的人们认为，这种审判方法是判断一个人是否有罪的最有效手段。但是这起审判戏剧接下来的剧情却是，她通过了这次审判，爱德华对她的清白感到满意，归还了她的土地。艾玛在审判的过程中非常勇敢，甚至当她已经走完这段"路"后，还问审判什么时候开始，然后才得知原来审判已经结束了。这则故事来自艾玛的传记，可能不完全是真实的，至少许多基本事实是错误的，比如其中提到了一位当时尚未踏足英格兰的主教。

随后，艾玛投奔了挪威的马格努斯，并力劝马格努斯与自己的儿子开战。那时，马格努斯在本国还有麻烦要解决，但他写了一封信给爱德华，声明自己才是英格兰合法的国王，因为哈德克努特曾经允诺会让他继承王位，但同时也在信中说，自己现在还不能为这件事分心。到了1047年秋天，有连续好几周挪威方面都动员起来，似乎马上就要发动侵略战争了，但10月25日马格努斯却突然去世了。

也许是因为母亲的专制强横，忏悔者爱德华成了一个温和有礼，甚至有些虚弱的人。他肤色苍白，看起来就像得了白化病；他虔诚地信仰基督教，完全只对祈祷有兴趣，而不是沉迷于国王的两大追求——发动战争和搞婚外情。作为一心向神的国王，爱德华的宏愿就是在伦敦修建一座堪比圣保罗大教堂的教堂，称它为"西部大教堂"（West minster）。他对于宗教的痴狂最终是否值得还有待考量，因为新教堂花去了整个王国十分之一的收入，事后来看，还不如建一些城堡或者训练一批弓箭兵。

之后，这位软弱而神秘、苍白无力的国王——他要是生活在现代，住在废弃的政府宅邸一带，很有可能会遭到醉汉的袭击——在竞选英格兰守护神时败给了人气颇高的圣乔治，尽管后者既是外国人，也不曾在英格兰出现过。事实就是，爱德华成了鳏寡之人和婚姻困难者的守护神，他的确是这个神位的最佳人选，因为他曾与半维京血统、拥有强劲军事力量的新兴富族联姻。

爱德华的统治几乎全部被与戈德温公爵的争吵所占据，戈德温此时已是英格兰最大的土地所有者和权力掮客。尽管其子哈罗德·戈德温森（Harold Godwinson，即哈罗德二世，1066年即位）在未来会作为英格兰的最后一个本土国王英勇地死去，他的家族成员却大多是一些游手好闲的无赖，整天打打杀杀，哈罗德能够走上权力巅峰，完全是靠着极端的暴力和恐怖。

爱德华还为自己弟弟的死责备戈德温，所以当爱德华登基时，颇有黑社会风格的土豪戈德温伯爵也送了他一艘战舰，比送给哈德克努特的那艘更大，足以装下120名士兵，装饰着"金狮子"和长着双翼的金龙，"口中喷出火焰，足足三倍大的舌头伸出来，让大海也感到恐惧"，战舰的四周还用品位高贵的"贵族紫"包裹起来。

戈德温家族通过任命亲信担任教会要职不断增强实力。最严重的违法者是斯蒂甘德，他每年的收入能达到3000磅银币，被公认为受贿之人。他为了收敛更多的税，同时担任了两个教区的主教，也因此被罗马教廷开除了教籍。到诺曼人入侵英格兰之时，他已经是除国王和戈德温家族之外英格兰最富有的人了。

与性情温和、几乎禁欲的国王不同，戈德温的6个儿子行为完全相反。长子斯韦恩是最为疯癫的，他有一次臭名昭著的事迹：在攻打威尔士的战争回程时，他绑架了莱姆斯特修道院（abbess of Leominster）的女院长艾德吉福（Eadgifu）。斯韦恩这种将修女掳走的做法是非常骇人听闻的，更何况他们还有亲属关系。[3]之后斯韦恩逃到自己的丹麦表亲比约恩（Bjorn）那里避难，并自告奋勇地在另一场对挪威的战役中为丹麦作战（尽管他似乎大部分时间都在与丹麦人打仗），他最终还劝服了比约恩与他一起进攻怀特岛，并随即谋杀了比约恩。即使以那个时代的最低标准衡量，这些事也够令人震惊的了，斯韦恩·戈德温森被宣布沦为"一无所有之人"（nithing，意即"nothing"），被剥夺了全部的社会地位，这样一来任何人都可以杀死他而不违法。不过最后他仍然获得了原谅，又重新回到了家族中。[4]

次子哈罗德则要理智得多。身高达5英尺11英寸的哈罗德异常勇猛（那时男子平均身高为5英尺8英寸），并且他还长得非常英俊，很容易受到姑娘们的青睐。作为头领他能够树立起威严，同时也因和蔼亲民的脾气和十足的幽默感而备受爱戴。他身体十分强壮，从各种记载——即使是敌对方诺曼人的记载——都能看出，他是个魅力非凡的领袖。

老三托斯蒂格（Tostig）则疑似参与了一系列谋杀活动。年轻的时候他也很受欢迎，连爱德华都很喜欢他，同时又是一位忠诚的丈夫，但后来他似乎就完全疯掉了。关于另外三个年纪更小的兄弟记录很少，尤其是小儿子乌尔夫诺斯，似乎他成年之后的日子都是在地牢中度过的。

国王爱德华仇视着戈德温，但似乎也别无他法，只能承认他的权力，并娶了他的女儿伊迪斯。如果爱德华和伊迪斯育有后代，历史可能会大不相同，有一种猜测说，国王可能有问题——一位历史学家就写道："值得注意的是，不管是不是真的，爱德华从未有过私生子的传闻，这在当时实在是很不同寻常的事。"[5]不管如何，要他称呼一个曾经害死自己弟弟的人为岳父，这件事怎么看都是很荒唐的。忏悔者爱德华和他的妻子看起来似乎很快乐，他还曾称将妻子视为"深爱的女儿"，但这段婚姻怎么看都不像是有过激情时刻的，伊迪斯甚至曾经睡在爱德华脚边，以显示自己的谦卑。我们所知的很多细节都来自伊迪斯的传记，题为《伊迪斯生平》（*In Vita Edith*），写于1066年这个国家崩溃之时。书中的她是一个极好的模范妻子："无与伦比的新娘，品德高洁、聪慧伶俐、教养极好，而且天赋出众，性格慷慨。"接着她写到父亲戈德温，说他曾受到严重的指控，但实际上却是非常善良的人。

戈德温家族

随着1050年10月坎特伯雷大主教去世和翌年1月约克大主教去世，国王与戈德温家族的关系陷入冰点。这两个教职都非常关键，爱德华想让自己的诺曼亲信担任此职，这无疑被戈德温视为一种冒犯。更糟糕的是，新任大主教瑞米耶日的罗贝尔（Robert of Jumieges）针对韦塞克斯伯爵①直言不讳，公开指责戈德温试图对爱德华不利，正如他对阿尔弗雷德所做的那样；这番话毫无外交辞令般的曲折委婉，连爱德华都为此感到尴尬，因此拒绝参加瑞米耶日的主教授职礼，因为觉得他实在是个拖后腿之人。

罗贝尔是1042年随爱德华一同来到英格兰的众多诺曼和法兰克随侍之一，所以戈德温将自己包装成反法兰克的派别，这在英格兰政坛往往很管用。已经到达英格兰的诺曼人中包括爱德华的外甥——懦夫拉尔夫伯爵（Earl Ralph the Timid），他继承了赫里福德伯爵的头衔，而他的绰号则来自1055年他从威尔士临阵逃脱的典故。拉尔夫死于1057年，假若他那时没死，英格兰在1066年很可能会诞生一位国王拉尔夫。[6]另一个诺曼人里根巴尔德（Regenbald）在1062年被任命为总理大臣。至于其他被赐予了大量良田和舒适岗位的外来者，对国王的声望则没有起到什么帮助。[7]

---

① 即戈德温。——译者注

次年，爱德华的姐夫、布洛涅的尤斯塔斯（Eustace of Boulogne）赴英格兰进行外交访问。他本是爱德华的重要盟友，但这次访问让他们的关系开始动摇。尤斯塔斯到达多佛时，在被拒绝留宿后刺死了客栈老板，并在又一次斗殴中杀死了20名多佛市民，自己也损失了19名亲随，实在是一次失败的外交访问。

随后，爱德华在格洛斯特召开协商会议，会上瑞米耶日的罗贝尔控告戈德温密谋对自己不利。[8]作为回应，国王下令让戈德温在多佛接受质询，但他拒绝了。在城市，接受质询是应对犯罪指控的普遍做法，但戈德温却非常理智地提出要求，要国王听听故事的另一个版本。爱德华随即将整个戈德温家族驱逐出境，一半的人被流放至冰岛，另一半则被遣往欧洲大陆。爱德华将妻子送往女修道院作为惩罚，并"剥夺了她所有的土地和动产"。

从1051年起，英格兰国内局势开始动荡，这时候开始发行PACX版（"和平"版）铸币，一面印着"和平"的字样——这更加反映了时局的暗潮汹涌。

然而，失去了戈德温家族后，爱德华根本无法顺利地实行自己的统治——戈德温家族实在太富有了，事实上可能比国王的家底还要厚实。更关键的是，英格兰中部和北部最大的领主里奥弗里克和希华德（Siward）伯爵，都不愿意与戈德温为敌。所以没过几年，戈德温就得以重新起势，带兵回到了怀特岛，而这时爱德华的诺曼盟友都已经离开了。瑞米耶日的罗贝尔从伦敦逃往埃塞克斯，在那里他"偶遇了一艘疯狂的船"——一位编年史家这样写道，不禁让后人有些难以捉摸。随着戈德温的重新掌权，斯蒂甘德被任命为大主教——尽管这时前任大主教瑞米耶日的罗贝尔尚在人间，同时他还继续担任温切斯特主教。但另一方面，罗贝尔可能已经劫持了戈德温的幼子乌尔夫诺斯作为人质，逃到了诺曼底。

正当戈德温家族获胜之时，长子斯韦恩却一改往常，突然决定要去往耶路撒冷进行朝圣之旅，为自己曾经犯过的罪孽寻找救赎。前往圣地的旅程凶险异常，不仅可能遭遇海盗和土匪，还可能染上各种当地的疾病。斯韦恩在回程的路上去世了，元凶竟然是一场感冒。与此同时，爱德华的母亲终于去世了，[9]为了"庆祝"这一刻的到来，他甚至命令在铸币上印制自己的新肖像。与之前的那些银币上的头像不同，"质量低劣的古典图像都是这样子，上面是一个留着胡子的战士的头和肩膀，戴着锥形头盔，面朝握着的权杖……"而新的肖像则是"异常有男子气概的造型设计"。[10]听起来像是国王正在经历某种中年危机。

国王与戈德温之间的矛盾终于在1053年画上了终止符——戈德温坐在爱德华宫中的高脚圆凳上时，突然中风猝死。据后来的一份记载所描述，这位老人在用餐时突然被面包噎住了，当时他正在向国王解释："如果此事属实（我杀死了你的弟弟），那就让这片面包噎死我。（呛住）"但这份记载来自征服者威廉的一名支持者，他的记叙显然是带有倾向性的。

但戈德温家族的势力仍然在上升。1054年，爱德华的军事指挥官诺森布里亚的希华德入侵苏格兰，并废除了当时的苏格兰国王麦克白——要不是因为16世纪的剧作家，麦克白肯定至今仍是大学历史系图书馆里被尘封的无名者。真实的麦克白并不是莎士比亚剧中那样的杀人狂魔,他获得王位的方式其实非常正当,尽管是以暴力的方式,但那是因为"病态的"邓肯先进犯了他的封地。虽然英格兰取得了这场战争的胜利,但希华德的儿子奥斯伯恩(Osbeorn)及侄子——另一个希华德,都死在了战场。到1055年,希华德也去世了,只留下一个儿子——当时还年幼的沃尔特奥夫(Waltheof)。这给戈德温家族提供了一个新的机会,托斯蒂格成为新的诺森布里亚伯爵,尽管最终看来,这并不是一个明智的决定。

在父亲去世后,哈罗德坐上了"一人之下,万人之上"的位置,他掌控了这个国家,开始领导军队,甚至率军远征大陆。这时爱德华已经别无他法,基本放弃了生活的希望。然而,1056年,当哈罗德正在欧洲大陆作战时,威尔士发生了动乱,不幸的是,英格兰方面领军作战的是赫里福德主教里奥弗加(Leofgar)——从他的职位头衔就能看出,他不是个能带军打仗的人。里奥弗加曾是哈罗德手下的一名教士,也是他的支持者,曾经效仿戈德温的风格留了长发和长须,这个形象过于出格而不太像一位教士。这位主教决意带领一群神职人员奔赴战场,对抗由格里菲斯(Gruffydd)率领的威尔士军队,结果他们全体在瓦伊河畔的格拉斯伯里(Glasbury-on-Wye)牺牲,这真是决不能让主教带兵作战的一次深刻教训。这支英格兰的自卫军被称"蠢笨的武装,完全不适于山地作战",他们还进行了一次远征,一个同时代的人同情地记录道:"劳累不已的士兵和马匹在痛苦的长途奔袭后,最终全军覆没。"

盎格鲁-撒克逊人和布列吞人——至今威尔士人仍这么称呼他们——自他们的先辈从日耳曼来到这里，就没有停止过与威尔士的战争。8世纪时，麦西亚的奥法（Offa）修建了一座巨型海堤（现在这里早已成为漫步的好去处），将威尔士人阻拦在外，但威尔士人的突袭仍旧时不时地到来。最让撒克逊人感到生气的是威尔士人的吟游习俗，"在他们的诗歌里，害人者和掠夺者都身披传奇的光环，以至于盗牛贼、强奸犯和杀人犯都成了神秘的英雄，这是威尔士蛮族的传统"。[11]这已经成为数个世纪以来凯尔特①式反抗的主题，在他们的历史中，的确绝大部分魅力超凡而又强有力的首领都是这种风格。

1063年，威尔士又发生了一次起义，哈罗德和托斯蒂格率兵西征。纠纷发生在现在的新港市地区（Newport），导火索是英格兰商人拒绝向威尔士支付费用。于是，哈罗德召集了一支军队踏平了这个地区，同时进犯威尔士圣盖恩律地区（St. Gwynllyw）的教堂，直到军中一些高官在战争中受了伤，他们才感到害怕，从而停止了这次入侵。

据一位编年史家记载，哈罗德对威尔士的这次侵略"杀光了所有男人"。他也首次提出了要对威尔士设立严苛的法律，比如：凡威尔士人在奥法大堤靠英格兰一侧被发现携带武器，那么他的右手要被砍掉。这类法律中至今仍有一部分存留在英格兰法典中。[12]

---

① 现在的爱尔兰、苏格兰、威尔士、康沃尔郡、马恩岛和布列塔尼（Brittany）的语言和文化都来自凯尔特人，统称为凯尔特地区。——译者注

本来，将敌人削首是威尔士的传统习俗，但哈罗德的血腥让他们印象深刻，以至于威尔士人选择自行割去首领格里菲斯的首级，并将之送到哈罗德面前，而不愿面对他被斩首的结果。哈罗德最终将这颗头颅作为礼物献给了爱德华。

尽管忏悔者爱德华含糊地向许多人许诺过王位，但此时仍有一个明确的继承人人选。刚勇者埃德蒙也有一个叫爱德华的儿子，他的童年都在遥远的匈牙利度过，到1055年，国王爱德华派伍斯特主教埃尔德雷德（Ealdred）前往日耳曼，请求神圣罗马帝国皇帝允许流亡者爱德华（Edward 'the Exile'）回到英格兰。埃尔德雷德主教在科隆皇宫待了整整一年时间等候皇帝答复，最终还是因为1057年匈牙利国内发生了内战，才让流亡者爱德华"愿意"回国。在匈牙利长大的爱德华此时已有了匈牙利妻子和三个同在匈牙利长大的孩子，他回到英格兰时既没有什么责任感，对王位也没什么特别的渴望。

然而，当流亡者爱德华一路跋涉终于回到了英格兰，却在到达的一周后就去世了，甚至都没能见上国王一面。他的死自然非常可疑，背后的凶手可能是戈德温家族的人，但也有可能是诺曼人下手毒死了他，因为这更像是诺曼人的风格。这一位爱德华有一个儿子——当时年仅5岁的埃德加。

哈罗德的弟弟托斯蒂格自从当上诺森布里亚伯爵之后，投注了极大的热情颁布各种法规和政策命令，导致群情激愤，把本就不安定的局势搅得更加糟糕了。诺森布里亚对大多数南方人来说都很陌生，那时英格兰北部与南部几乎还没有畅通的大道，这片北方土地更多地受到丹麦人影响，尤其是约克附近的地区，直到相当晚近的时期，这里还保留着很多北欧方言的痕迹。[13]

爱德华在位期间从未踏足英格兰北境，事实上，正如许多英格兰南方的贵族一样，他对法国的了解比对特伦特河（Trent）以北的地区要多得多——哈罗德也极少去往北方，几乎是能不去就不去。这片地区在当时还是充满危险的未知地带，除非一大群人结伙做伴，否则一个人是绝不敢贸然前往的。而托斯蒂格这个当时已经极不受欢迎的南方人，显然仍对建立法律体系和秩序有极大热心。《盎格鲁-撒克逊编年史》中记载："很多人控诉这位出身富贵的伯爵太过残忍，还有人指责道，他惩罚违法者的目的，更多是为了没收他们的财产，而并非出于对公正的爱。"还有一位编年史家也说，托斯蒂格"有时对惩奸除恶的热情太过头了"，听起来像是在委婉地描述一个十足的神经病。

从1064年末开始，诺森布里亚的数位贵族相继被杀害，每一个人都与托斯蒂格有关。圣诞节这天，奥姆（Orm）的儿子加美尔（Gamel）和多林（Dolin）的儿子乌尔夫，这两位英格兰北部最重要的贵族首领同时死去。12月28日，另一位伯爵格斯帕特里克（Gospatric）也遭到谋杀。有传言说，托斯蒂格本想在格斯帕特里克去罗马朝圣的路上就杀死他的，那时他们遭遇的土匪就是托斯蒂格安排的。

尽管诺曼人可能夸大了托斯蒂格的罪行，这时的英格兰法庭的确还普遍呈现出一种不健全状态。马姆斯伯里的威廉拥有诺曼和英格兰的混血血统，他列出了这时贵族能犯下的所有罪行，这些罪孽都可能引起"上帝降灾"——通过被外人入侵的形式。在这些罪行中，有"沉迷奢侈淫逸"，以及"作为基督教徒，每天早上不去教堂做祷告，而仅仅只是在卧室里仓促地听神父念完早祷和弥撒，态度随意而敷衍"。最严重的罪行要数"毫无节制地暴饮暴食，直至身体无法消受"，还有"这些北方贵族们戴着金镯子，穿着及膝的大衣，胡子刮得干干净净，皮肤上绘着文身"。但显然，他们并不属于真正文明的上流社会。

1064年10月，对托斯蒂格的不满终于引发了一场北部地区的起义，导火索可能是一次征税活动。诺森布里亚旧贵族家族中的两兄弟艾德温（Edwin）和莫卡是这次起义的领导者，那时他们还是十几岁的青少年。他们是里奥夫里克和歌吉福（那个赤裸骑马的女子）的孙辈，在他们的父亲埃尔夫加（Elfgar）去世之后，他们就感觉到自己的地位被全部剥夺了。这次起义以在约克谋杀托斯蒂格的亲信为起始，向南蔓延至泰晤士河畔，形成了又一次战争，对英格兰国内的稳定再次造成威胁。

哈罗德扮演了调停者的角色，据说他同意流放托斯蒂格，并任命艾德温和莫卡两兄弟为诺森布里亚和麦西亚伯爵，还娶了他们的姐姐为妻［尽管那时哈罗德已经有一个长期固定的情妇——天鹅颈伊迪斯（Edith Swan-Neck），并与她生育了许多孩子］。而他的新妻子名字也叫伊迪斯，正巧就是格里菲斯的遗孀——头颅最后被送给哈罗德的格里菲斯——这个世界真是太小了！

推测起来，作为等价交换，两兄弟所答应的条件应该就是要支持哈罗德的统治，所以哈罗德才能够果断抛弃自己的情妇和弟弟托斯蒂格，而这时，托斯蒂格则指控称，这一切都是哈罗德操控的。有一些记载显示，哈罗德和托斯蒂格两兄弟从一开始就是竞争对手的关系，后来的版本则进一步说，他们两兄弟在孩童时就在王宫里互相打架。[14]此事之后，愤愤不平的托斯蒂格携妻子逃到了佛兰德。

末日预言

至此，爱德华已经几近弥留，整个国家都充满不祥的预感。1065年的开头充满了厄运将至的氛围，这一年的圣母领报节和耶稣受难日正好重合到一天，被视为极大的不详。正如歌谣所唱："当我们的主陨落在圣母的腿边，英格兰注定要迎来可怕的灾难。"（听起来就像是我们经常遇到的事情：先是市井小曲流传开来，而后形成了盲目的恐惧。）这一年的最后几天，英格兰发生了可怕的沙尘暴。全国各地所有的贵族都齐聚托尼岛（Thorney Island）赴宴，因为爱德华为圣彼得修建的大教堂就坐落于此。尽管这时教堂还未竣工，但仍然选在12月28日这天正式将它奉为神址，因为爱德华的病情日益加重，时日无多，他甚至已经虚弱到完全无法参加这个仪式了。

爱德华在弥留卧床之际，口中一直不停地喃喃呻吟，所有人都希望能从他口中听到一位继承人的名字。国王重新躺了回去，眼前出现了一幅末日预言的幻象：整个英格兰陷入熊熊大火中，最终陷入地狱。因病重而精神错乱的爱德华不停说道，英格兰的这些大主教们"不是上帝的仆人,他们是魔鬼的同盟"。大主教斯蒂甘德被这些胡言乱语所触怒,他说:"国王的脑子因病重坏掉了,根本不知道自己在说些什么。"

爱德华在精神错乱期间还说,有两位修士前来警告他,说英格兰已经遭到了上帝的诅咒,将受到恶魔的惩罚长达一年零一天。修士还告诉他,任何祈祷都无法规避灾难的发生,除非有一棵被拦腰斩断的树又自己长了回去,并结出新鲜的果实,诅咒才能被解除,"只有如此,人们的罪孽才能够被原谅,英格兰遭受的折磨才能得到缓解"。

如你所料,没有断树可以重新找回生机,接下来的12个月也被称为"三王之年",正是这一年,盎格鲁-撒克逊人的世界遭到了毁灭,英格兰被永远地改变了。爱德华修建的教堂就是后来著名的威斯敏斯特大教堂,它的名字也成了如今英国政府所在地区的名称。尽管花费了巨大的人力物力,威斯敏斯特教堂仍在13世纪时遭到了摧毁,后来才又重建起来。

爱德华告诉哈罗德:"我将伊迪斯和整个王国都托付于你,希望你保护好她们。"这即是说将要传位给哈罗德,忏悔者最终于1月5日去世,维坦依照遗嘱推选哈罗德为国王,他在爱德华葬礼的那天加冕为新王。

坎布里的戈德弗雷(Godfrey of Cambrai)同样也写了关于国王爱德华的短诗:"他对待敌人的方式是和平,而不是战争,因此没有人愿意破坏他的和平。"

1066

第7章
诺曼底的威廉

The Battle of Hastings, Anglo-Saxon and Norman England

残暴与进步

哈罗德登基为王的消息传来时,诺曼底的威廉公爵正在野外狩猎。威廉公爵长期以来一直相信,自己的表亲爱德华已经许诺将王位传给自己,而哈罗德也曾宣誓要效忠自己。而现在,不管公爵还信不信这套缥缈的说法,总之,他要准备发动一场规模空前的入侵战争了。

诺曼人绝对是任何人都不想与之为敌的一个种族。尽管面临着拉丁文化和基督教文化的侵蚀,这个说着法语的族群甚至要比他们的北欧祖先更具进攻性,大陆南方的文明对这些野蛮人的影响,如同给夜总会门童套上了并不合身的晚礼服。

不过,南方文化的确让北方蛮族在施展暴力时更加熟练了,他们所有的生活方式都更加适应作战需要:剪去长长的头发,使发型更接近军事化的罗马人发型;从阿拉伯引进适于作战的种马,培育起自己的战斗马匹;组建了一支弓箭手军队,后来在1066年的战役中起到了决定性作用。就连他们最喜欢的(也是唯一的)脑力运动——国际象棋（从阿拉伯传来，而后又传到了英格兰）——也反映了他们最大的爱好：征服。[1]国际象棋最初起源于波斯，"将一军"（check）这个词就是从波斯语中的"国王"（shah）演变而来，那时的国际象棋不像现在这么软绵的下法，常常以棋子间的搏杀而结束，这些棋子足有4英寸高，每一颗都沉甸甸的，而那时的象棋也经常被用来作为解决争端的方法。后来，一位中世纪的英格兰国王还曾为一盘棋勃然大怒，不仅将棋子摔向对弈者，还差点杀了他。

早在入侵英格兰以前，诺曼人的残暴就已名声在外，他们在欧洲以战斗而著称，似乎打斗就是他们最大的乐趣。曾领导诺曼军队进攻里斯本的贺维·德·格兰维尔（Hervey de Glanville）就对自己的军队提出过要求："谁人不知，诺曼民族不断发挥着自己的力量，从未有一刻停歇。我们的好战本性，是在不断的灾难中得到强化的，正是好战之心，使我们不会轻易在困境中沮丧，也使我们在战胜困难之后，不因为骄傲怠惰而停止脚步，它刺激我们不断克服惰性，前进再前进。"[2]

并不是所有人都那么喜欢他们，阿普利亚的威廉（William of Apulia）称他们为"凶残的诺曼人"，一位伦巴第王子在意大利南部会见了诺曼军队首领，并形容他"性情残暴、野蛮无礼、毫无人性，令人感到害怕"。[3]另一个意大利人称他们为"阴险狡诈、睚眦必报之徒"。就连亨廷顿的亨利都形容他们"论野蛮程度无其他民族能出其右"，尽管他自己就有一半诺曼血统。

诺曼民族崇尚武力的天性与他们所处的地理环境有关。他们生活的地区正是西欧纷争最为激烈的地区，许多部落为抢夺这里而征战不休，只有实力最强的部落才能够生存下来（这与后来普鲁士统一德国颇为相似，普鲁士也是依靠铁血武力的军事化国家）。

诺曼社会与其他法国北部地区一样，都受到了一种新的精神的影响：骑士精神。"骑士"一词可能源自法语中的"武士"或"骑兵"，最早可能出现在10世纪的日耳曼，后来演变成"一种不分国家的兄弟间称呼，他们有着独特的宗教仪式和专属的道德精神"。但在这时，骑士精神基本还只是一种对暴力的崇拜，鼓励年轻人蔑视读书写字，将学习文化看成是教职人员该做的事情。而出身贵族的男子则从小就应该接受训练，以完成他们一生中唯一该做的事情，那就是战斗。在许多以男性为主导的亚文化中，教育被视为缺乏男子气概的活动，商业的地位更是比教育还要低贱。

显然，这种世界观会带来破坏性的影响，造成难以计数的死亡，但另一方面，好战的天性的确使北部法兰克人在西欧开疆拓土，到1350年，基督教欧洲的15个君主中有12个拥有法兰克血统。[4]在这段时期中，整个西欧都在法兰克化，这就是为什么你认识的人很可能叫"威廉""查理""亨利""罗贝尔"，或是"理查德"，而鲜有人名为"埃德里克"或"哈德克努特"，这也是为何现在许多亚洲国家的语言中，欧洲人被称作"费朗"①。

法兰克人不仅是十字军运动的主要发起者，同时，他们还是

---

① 费朗（firang），意即法国人。——译者注

入侵爱尔兰和其他许多地区的冷血殖民者。诺曼人的军事行动在法兰克人的征服活动中占据了重要一席，一些历史学家认为，1066年英格兰的改朝换代应当被称为"法兰克征服"。

在这次扩张活动中，一个重要的推动力就是对骑士的崇拜，正如一位历史学家所说："骑士精神在晚些时候可能的确有其优点，但在11世纪，它只是一场社会灾难。正是它的流行，催生了一大批狂妄自大、不学无术的年轻人，满脑子都是成名、打猎还有战斗，他们生活的唯一兴趣就是使用暴力，以获得他们所认为的光荣……除了打架他们一无所长，并且鄙视所有平和安静的职业。"[5]这些年轻人"活着就是为了制造战争"。除此之外，诺曼的继承制度也影响很大，它规定了只有长子能够继承所有的财产，这就导致了无休无止的诺曼扩张，先是对英格兰的入侵，而后是威尔士和爱尔兰，这些战争都是由无地的贵族次子们发起的。

诺曼人不仅对邻居们充满侵略性，诺曼民族内部也充满暴力。私人间的战争层出不穷，以至于教会不得不试图让所有人达成一项妥协，称为"神谕休战"（Truce of God），即在周三晚上至周一早上的时间内，不得进行任何战争——这已经是教会能够取得的最大成果了。

诺曼男孩们的事业是从做随侍开始的，然后是护卫，最后在二十几岁时才能够成为骑士。这是一个不断战斗的过程，很多年轻人在学徒时期就命丧黄泉。一位叫格罗耶（Giroie）的领主因此失去了自己的两个儿子——在激烈的竞技训练中，一个儿子被长矛刺中，另一个则在格斗时被石头击中。不过在诺曼人看来，这样的代价似乎是完全符合情理的。

即使在征服英格兰以前,诺曼人也不可能以征服南意大利作为征途的结束,而对南意大利的征服,则是以部分诺曼人朝圣归来在这里歇脚作为开端的。第一个诺曼公国建立在坎帕尼亚(Campania)的阿韦尔萨(Aversa),离那不勒斯很近。那是公元999年,大约40个诺曼人从巴勒斯坦朝圣返程时,到达萨勒诺(Salerno),发现此城正被一支萨拉森人围攻。当地人请求他们的帮助,这群度假的诺曼人以少胜多,击败了规模更大的军队,随后回到诺曼底。但离去前他们曾向当地居民保证一定会回来,直到1015年,他们真的回来了。随后,一位伦巴德(Lombard)贵族请求他们将阿普利亚从拜占庭手中夺回。尽管1018年他们不敌希腊人,但他们坚持游击,最终赢得了胜利,占领了阿普利亚。诺曼军队的领导者是坦克雷德(Tancred)的12个儿子,坦克雷德是个非常具有英雄气概的诺曼人,他的这些儿子中,铁臂威廉(William Ironarm)是最主要的领导者,1042年晋封为伯爵,他的弟弟德罗戈(Drogo)后来也得到了这个头衔。

诺曼人的势力如日中天,到1052年,教皇利奥九世(Leo Ⅸ)不得不建立了一个由希腊人、意大利人和日耳曼人组成的联盟来对抗他们,这支部队在1053年6月向诺曼人发起了攻击。尽管那时的诺曼人长期陷于内战泥沼,但面对敌人的入侵,他们仍能摈除仇恨、联合作战,他们的领导者是坦克雷德的另一个儿子:罗贝尔·吉斯卡尔(Robert Guiscard),吉斯卡尔意为"鼬鼠",因为他是个十分狡猾的人。他到达意大利时身边只有5名骑兵和30名步兵，但最终他征服了这个国家近半数的土地。

诺曼人随即俘虏了教皇利奥九世，他们一面向他保证将保持对教皇的忠诚，一面又将他囚禁起来，直至他改变对诺曼人的看法。至此，诺曼人几乎控制了整个南意大利，1061年，他们开始进攻西西里岛，并取得了成功。诺曼人对西西里的统治持续了一个半世纪，直到更为残暴粗野的安茹人（来自诺曼底南部的安茹地区）取代了他们。对西西里地区的人来说，诺曼人留下的记忆相对算是美好的，部分是由于他们赶走了亚洲人，也因为比起后来的安茹人，诺曼人更像是21世纪斯堪的纳维亚的进步人士。

私生子威廉

征服者威廉的祖上都是铁骨铮铮的硬汉，但作为诺曼首领，他们面对的是与自己邻居的无限斗争，包括佛兰德、布列塔尼和曼恩（Maine）的对手，还要与理论上的领主法兰克国王斗智斗勇。他们在自己的领土之内也不得安宁，威廉的爷爷理查德二世为了镇压一次农民起义，曾下令砍掉起义者的手和脚。然而，最大的挑战仍是来自贵族之间的倾轧斗争，因此，没有哪一个诺曼公爵能免除被亲戚倾覆的危险——他们的亲戚与他们一样贪婪和残暴。

威廉所面临的处境是最为糟糕的。据传，他的母亲赫勒芙（Herleve）在家乡法莱斯（Falaise）的一条河中洗澡时，被他的父亲罗贝尔瞧见了光裸的腿，罗贝尔从而一见钟情。这个故事在中世纪的人听来并不显得邪恶恐怖，反而十分让人喜欢。[6]赫勒芙的父亲据说是一名制革工或是殡仪人员，[7]所以威廉的敌人污蔑他母亲总是散发出一股皮革的臭味，但这个笑话的制造者最终遭到分尸之刑。而且，这则关于罗贝尔偷看赫勒芙洗澡的故事，很可能出自法莱斯城堡的下人口中（城堡的主人罗贝尔曾命令他们监视这里发生的所有事情），而实际上，这个据说是罗贝尔当年偷窥赫勒芙的窗口，是12世纪才修建的。

中世纪编年史家似乎曾深深迷恋于这种浪漫主义的恋爱情节。诺曼编年史家韦斯（Wace）就详细描写了赫勒芙是如何来到罗贝尔的房间，他们一起待了一段时间，"关于一个男人如何与他心爱的女人相处的，我不愿讲太多"。之后赫勒芙似乎就沉沉入睡，陷入梦乡，在梦中，她的"肚子里"长出了一株遮天蔽日的大树，大到最终将整个诺曼底和英格兰都涵盖在树荫里。

威廉的父亲宽宏者罗贝尔（Robert 'the Magnificent'）在哥哥理查德离奇去世之后，承袭了公爵爵位。很多人认为是罗贝尔下毒谋害了自己的哥哥，因为诺曼人经常有毒害他人的举动，而罗贝尔是哥哥去世的最大受益者，并且在这之前还起兵反抗过他。但同样值得注意的是，在中世纪，死于突发的食物中毒也是一件非常普遍的事情，尽管听起来有些荒谬。这是因为那时还没有基本的饮食卫生习惯。宽宏者罗贝尔也被称为自由派罗贝尔（Robert the Liberal），这是因为他经常为善良的宗教人士慷慨解囊。他的另一个绰号是"恶魔"，可能是后来才起的，但无疑说明了他的统治是非常严酷的,而且在他统治期间,全程伴随着与诺曼贵族的血腥斗争,并且对敌人掌控下的教堂都进行了疯狂的财产掠夺。他的亲叔叔、鲁昂大主教罗贝尔称他为"上帝之鞭"(scourge of God)。

尽管是私生子,威廉仍然被罗贝尔公爵立为继承人,但在威廉还只有7岁时,罗贝尔决定去圣地朝圣。历史学家们至今仍为这个突然的决定感到困惑,它看起来实在太疯狂、太不负责任了,尤其是罗贝尔本人应该最了解自己的亲戚们是多么残酷无情,以及诺曼底是多么脆弱。罗贝尔要去地中海朝圣,可能是受到了南意大利英雄故事的影响,他可能听说了鼬鼠罗贝尔(Robert the Weasel)的故事,并感到嫉妒。另一种说法是他为杀害了自己的哥哥感到内疚,希望去圣地忏悔。

罗贝尔在耶路撒冷染病,在回家途中去世了,留下年幼的威廉在阴谋纷争不断的宫廷中长大,经历了数次谋杀。在童年时期,就有4名卫兵被杀害:先是胖子奥多(Odo the Fat)杀死了他的第一名亲兵康特·吉尔伯特(Count Gilbert),以及老师杜洛德(Turold);接着,宫室首领奥斯伯恩(Osbern)被刺死——蒙哥马利的威廉(William of Montgomery)在威廉的卧室里,在威廉身旁割破了奥斯伯恩的喉咙。在这样的环境中,威廉成了一个十分冷酷无情,甚至有些精神错乱的君王,他后来说:"我从小到大经历的教育就是战争。"这样的教育,当然不会让他成为一个冷静理智的人。

忏悔者爱德华去世之际,威廉已将近40岁,多年以来,他都在与曼恩、佛兰德和法兰克的邻居们斗争不休,成了久经沙场的冷血王侯。威廉生得高大壮硕,足有5英尺11英寸高,他对自己有十分清晰的认知,他很清楚,自己最大的特点就是"贪婪"。他是个"冷酷无情,相当自负并且野心勃勃的男人,他手段狠辣、心肠歹毒,对敌人不留丝毫余地"[8],而且"不仅残忍暴虐,还诡计多端,如同毒蛇一样致命",他说话时发出粗而低沉的喉音,性格强势,还拥有极强的忍耐力。总而言之,他听上去就是个非常恐怖的人。

在那个饮酒成风、酗酒者比例远高于现在的时代,威廉公爵竟是真的滴酒不沾。更让他显得不同于那个时代之人的是,他完完全全地忠诚于自己的妻子——佛兰德的玛蒂尔达(Matilda of Flanders)。事实上,那时的男性贵族几乎都有自己的情妇,很多人都认为,威廉的忠诚反而显得有些诡异,他们觉得威廉肯定整天都在忙着别的事情。

据玛蒂尔达自己说,她一开始拒绝嫁给一个私生子,为此,威廉骑马走了250英里,穿越沼泽,来到里尔(Lille),将她摔倒在地上,"用马刺撕开她的衣服",然后才去城堡见了她父亲。据说玛蒂尔达对此印象深刻,从而嫁给了他,因为她"认为自己终于遇到了主人","这个男人一定非常有勇气,敢于冒险",才能够"来到我父亲的宫殿里欺负我"[9]。这个传说不太可靠,很可能是诺曼人用来宣传威廉男性气概而捏造的故事,但从中可以看出,他们对人对事的态度与我们今天的观念大相径庭。威廉和玛蒂尔达共有4个儿子、5个或6个女儿。[10]不可思议的是,玛蒂尔达身高只有4英尺2英寸,这是后来考古时挖开她的棺椁所证实的。[11]

威廉几乎是个毫无幽默感的人,唯一能让他发笑的事情就是有关残暴虐杀的笑话,就连他开的玩笑也经常是非常血腥的。有一次,他用动物的骨头敲打一个种树的人,原因是这个人质疑他对一座修道院捐献的财物——这其实是个笑话。还有一次,在复活节的一场酒会上,他赐予鲁昂的三位一体修道院(Abbey of Holy Trinity)许多财产,但赐予的方式"是将刀递给修道院院长,国王故意吓唬他,看起来好像刀就要刺进院长的手心了"。诺曼人听起来似乎并不是什么好相与的伙伴。

威廉和玛蒂尔达都非常虔诚,他们各自修建了一座修道院。玛蒂尔达的拉特瑞尼特修道院(Abbey of La Trinite)拥有一些欧洲北部最好的圣物,包括"基督的马槽和十字架上的木屑,和他曾经触摸过的面包碎屑,以及一缕他母亲玛丽的头发",还有"圣塞西尔的手指,圣丹尼斯的头发,圣乔治的血,甚至还有几具圣徒的遗体"。[12]

他们如此虔诚,原因之一是他们本是不能结婚的近亲,他们的结合曾经遭到教皇和诺曼神父的反对,主要的反对者包括意大利修道院院长兰弗朗克(Lanfaranc)。威廉驱逐了兰弗朗克,派手下没收他的修道院。但后来有一天,在威廉自诺曼底出发去往他处的途中,他偶遇了兰弗朗克,两人交谈了一番,从此和解了。威廉说服了兰弗朗克,让他终于不再反对这门婚事。(这是倾向诺曼人的史家所记载的,至于威廉到底是如何说服神父的,就只能靠我们自己想象了。)

在那次疯狂的朝圣旅途之前,罗贝尔公爵给了赫勒芙一个很好的归宿。他为她安排了一桩婚姻,丈夫是一位当地贵族,婚后赫勒芙生下两个儿子——莫泰恩(Mortaine)的奥多和罗贝尔。威廉公爵在统治期间,对母亲的家族势力仰仗颇多,因为这是他唯一能够信任的力量,至于父亲那边的势力,威廉则完全不敢信赖——其中很多人都试图谋杀他。

在经历了残酷的童年生活之后,19岁的威廉遇到了统治生涯中的第一次叛乱,这次叛乱发生在瓦尔沙丘地区(Val-es-Dunes),由敌对的诺曼军阀首领发起。威廉在第一场战斗中勇猛地冲锋陷阵,从那之后,他亲身参加了一系列激烈的战斗。1051年在阿朗松地区(Alençon)发生了一次叛乱,叛乱者们为了羞辱威廉,高声喊道:"走开!你这个皮革匠!"这是暗示威廉的出身,他们觉得这样喊叫非常有趣。威廉在占领这座叛乱城市之后,把三分之二的市民绑到桥上,并当众斩下四肢。威廉可真是开不起玩笑。

1053年发生了最后一次诺曼内部的暴动。叛乱首领也叫威廉,他受到法兰克国王的资助,叛乱在次年2月达到高潮,诺曼军队和法兰克军队在莫尔泰梅(Mortemer)发生激战,诺曼一方取得最终胜利。此后,威廉取得了对诺曼底地区的绝对领导权,他理论上的领主法兰克国王不再对他造成任何威胁。

威廉打败了他所有的邻居,包括蓬蒂厄的盖伊(Guy of Ponthieu)和布洛涅的尤斯塔斯。1063年,他以莫须有的借口进犯南部的曼恩,先是花钱雇了两个小孩偷偷溜进城堡纵火,然后一举攻占了此城。曼恩伯爵沃尔特(Walter)是忏悔者爱德华的外甥，因此对英格兰王位有很优先的继承权。他和妻子博塔（Bota）一起被诺曼人监禁起来，不久后就原因不明地死去了，正如可以预料的那样。之后，威廉便强迫沃尔特的女儿嫁给了自己的儿子罗贝尔。

封建无政府状态

历史上的这段时期现在被称为"封建无政府时期"（Feudal Anarchy），意即国王权力被架空，实权都掌握在当地贵族手里。由于国王不能掌握有效的中央集权，而且此时民族的概念还未成形，所以但凡拥有一座城堡和一支私兵，地方豪族就可以为所欲为，几乎不受任何限制。这时只有私人的"正义"，地方领主各自为战，总的说来，并不是一个适合生存的时代，而且此时暴力事件发生的频率远高于后来的中世纪晚期，毕竟在后一个时期，当地领主不能因为生气就随便将人处死了。[13]

论文明程度，诺曼人不会比撒克逊人高，但在战争方面，尤其是骑兵和弓箭兵方面，诺曼人都是最好的。在11世纪，他们就已经能够养育世界上战力最强的"军马"，高达14掌[①]，比普通10掌的马匹要高得多。大约在这个时期，法国北部出现了骑兵冲锋的作战方式，非常迅捷高效，破坏力惊人。诺曼人还发明了风筝状的盾牌，比传统的圆形盾更适应马上作战。骑兵作战是一项非常

[①] 根据欧洲传统，用掌宽（horse hands）来衡量纯血马的高度，1掌宽约为4英寸（10.16厘米）。——编者注

昂贵的活动：每个诺曼骑士要携带四匹马，一匹骑到战场，一匹用于作战，一匹供侍从乘骑，还有一匹负辎重。

就连诺曼神父也参与到战争中，其中包括征服者威廉同父异母的弟弟奥多主教，巴约挂毯（Bayeux Tapestry）上就有他挥舞棍棒参与作战的形象。宗教人士在战场上只能使用棍棒或钉头锤，而不能使用剑，因为他们不能刺伤敌人，这听起来非常有意思，因为它们造成的伤害其实差不了多少。

诺曼军队的劣势之一在于他们独特的盔甲，就是我们能联想到的最经典的诺曼士兵的打扮，因为黑斯廷斯战役交战双方的士兵都穿同样的长袍盔甲，头上衬着头巾。圆锥形的头盔之下，有一根棒架在鼻子上方，称为鼻架，以及一副保护脖子的"护颈"，都成为贵族地位的标志。[14]实际上，区分他们的特征就是撒克逊人通常都留胡子，而诺曼人常修理胡须，头发也剃得更短。

锁子甲能够保护士兵免受大部分武器的伤害，除了用剑和双手斧从正面攻击。这种双手斧是英格兰精英侍卫常用的武器，能够轻易劈开那时的锁子甲和盾牌。维京剑也是这时威力巨大的进攻武器，据说它能"很轻易地将马上的士兵连人带甲劈成两半，而且只有他动一动时，他的尸体才会裂开"。[15]当士兵意识到自己已经被劈成两半的时候，表情一定惊恐万分！

诺曼人还改造了横式长矛，这种长度在9~11英尺之间的矛一旦投掷出去，威力相当致命（它还能轻易从尸体上拔出来，以便接着使用）。

诺曼底约有100万人口，大致是英格兰的二分之一，但由于诺曼人崇武好斗的民族天性，威廉拥有的可支配兵力达3万，而哈罗德的兵力不及其一半。英格兰作为岛国，本来很大程度上免于来自大陆的入侵，因此军事化程度也就相对较低，他们没有培育最新的兵种——弓箭兵，战马饲养也远远落后于大陆。

威廉成了第三个入侵英格兰的诺曼人。在阿尔弗雷德王子登陆英格兰的尝试悲剧收场之后，罗贝尔公爵以表亲爱德华的名义也做了一次尝试，但被一场大风吹散了船队，最终只能从爱尔兰海峡登陆。他随即决定，既然已经来到这里，索性就先占领布列塔尼。当然，这说不定本来就是他的目的。

威廉在稍后宣称，爱德华曾允诺自己英格兰国王之位，哈罗德·戈德温森也曾宣誓效忠自己。这其实不太可信，即使爱德华或哈罗德向威廉保证过王位（虽然可能性不大），他们也没有权力将王位授予威廉，因为那时王位的归属是由维坦决定的。

威廉称哈罗德曾亲自宣誓效忠自己，这件事如果为真，那应该发生在1064年哈罗德拜访诺曼底时。哈罗德的这次旅程原因成谜，最有可能的原因是为了带回自己最小的弟弟乌尔夫诺斯，以及侄子哈康——也就是斯韦恩的儿子，这两个孩子当年都作为人质到了诺曼底，至于成为人质的原因我们目前仍不清楚。在去往佛兰德的路上，哈罗德可能因遭遇了海上风暴而迷路了，或是遭到算计而发生了船只碰撞，总之他和他的手下都被蓬蒂厄公爵盖伊俘虏了。盖伊是威廉的姐夫，同时也是出了名的劫持人质者。蓬蒂厄令人闻风丧胆的原因在于，这里不仅经常发生海难，而且还有"拉冈"（lagan）的习俗，即当地领主对失事船只有绝对支配权。这样一来,这里的人们就经常给出错误的航海信号,杀死遭遇海难的人。沿海城镇长年以此为生,他们故意熄灭灯塔的光,然后偷盗过往船只的所有货物。直到近代,船只失事在这一片海域还是很常见。

哈罗德的一位亲信曾提醒威廉公爵,身为韦塞克斯伯爵的哈罗德是当时英格兰最富有的人,因此是一个很好的人质,而他已经被盖伊劫持了。威廉稍前时候曾在战场上击败了盖伊,还杀死了他的哥哥——这样他其实有权命令盖伊交出哈罗德。

现在,这名客人(或人质)被带到了诺曼底,威廉邀请哈罗德来共同抗击自己的邻居——布列塔尼伯爵科南(Conan)。两人似乎相处得很好(哈罗德可能会说法语,以及其他好几种语言)。布列塔尼和诺曼底长期处于敌对战争的状态,科南不喜欢自己这位邻居,是因为科南的父亲阿兰三世(Alan Ⅲ)就是被诺曼人毒死的。据现存的所有记载来看,哈罗德在这场战争中表现得非常勇猛,还拯救了两名被布列塔尼和诺曼底边界地区的流沙困住的骑士,巴约挂毯上描绘了这般英勇的壮举。

尽管摆在面前的问题就挺让人难堪的,威廉公爵和哈罗德伯爵仍然能够和谐相处。奇怪的是,威廉对于占领英格兰一事极其热衷,他甚至让自己的一个女儿嫁给韦塞克斯伯爵,尽管哈罗德比威廉都要年长许多岁。更诡异的是,哈罗德没有选择威廉的长女,而选了他的第二个或第三个女儿——那时才八九岁的阿加莎(Agatha)或是阿德莉萨(Adeliza)。作为回报,哈罗德答应将自己的一个妹妹许配给威廉的亲信。

据说就是在那时，哈罗德立下了将帮助威廉成为下一任英格兰国王的誓言——他将手放在威廉公爵的手上，做出一种象征甘愿臣服的手势。另一位诺曼史家的说法是，威廉让哈罗德答应支持自己成为国王，然后掀开桌上的一块布，露出圣徒的遗物，使这番许诺有了约束力。这是诺曼人描绘的历史，目的是让威廉显得智慧过人，尽管在后人看来，这些仪式都只是让所谓的誓言更加站不住脚。而且，就算哈罗德真的支持威廉这个异想天开的主意，维坦显然也不会选择一位外国统治者上位。

爱德华到底有没有如威廉声称的那样，在1051年向他许诺王位，我们永远无法得知。但爱德华的确没有任何理由喜欢身为诺曼人的威廉，因为拥有一半诺曼血统的爱德华似乎一直对诺曼底怀有某种敌意，当然，他似乎对每个人都抱有敌意。他觉得，是诺曼人让他在贫困和默默无闻中堕落，直到自己生命的最后30年，境况才有所好转。不管怎样，如果爱德华曾经在临死前任命了哈罗德继位，那么按照英格兰的传统，就算他之前向威廉许诺过王位，这个保证也作废了。

不仅威廉的说辞很让人怀疑，而且他入侵英格兰的计划也是极其冒险。诺曼人并不擅长航海，威廉的舰队全都得临时制造。1066年的整个春天和夏天，伐木的声音都不绝于耳，那是威廉的手下在砍伐森林以打造舰队。诺曼贵族其实很不愿意参加这场入侵，他们认为这无异于自杀。就算能够成功渡过海峡——其实渡海就非常危险了——他们在英格兰也将面临巨大的人数劣势。而就算他们能够赢下一场战役，也不能保证会取得最终的胜利，因为总会有另一个英格兰人领导另一支英格兰军队继续进行抗争。但最终,威廉仍成功哄骗了诺曼贵族,让他们选择了支持自己。他设立了一个仲裁者,假装要来调节自己和贵族们的不同意见,但最后却呈上了一份同意书,使贵族们的支持成了板上钉钉的事。威廉给出的好处是,一旦侵略成功,将回报给他们大量的英格兰土地,这意味着威廉不仅要拿下王位,还要攫取英格兰的土地。显然,这样的计划不会受到英格兰民众的欢迎。

最有力的支持

诺曼底公爵有一项重大的优势:他得到了教会的支持。这部分是由于他们军事上的实力,那时诺曼人已经控制了意大利南部,所以罗马教廷绝不希望再触怒他们。除此之外,威廉还因为在罗马发生的一些往事而得到支持。1059年,有两名教皇之位的竞争者发生了冲突,罗马城的人民陷入战争的苦难中,威廉公爵出兵帮助新教皇尼古拉斯二世(Nicholas Ⅱ)镇压了对手本尼迪克特十世(Benedict X),之后尼古拉斯承认了威廉的婚姻。

威廉也很擅长与教廷打交道。此时的教皇不再由神圣罗马帝国皇帝选择,而由枢机主教共同投票决定,教皇的职权变得更大了。未来的教皇格里高利七世在1066年还只是红衣主教希尔德布兰德(Hildebrand),他主张基督教国家的国王应由教皇指定,而不是通过其他方法产生。作为中世纪最有影响力的宗教人士之一,希尔德布兰德对付对手的手段,堪称中世纪教会中最有代表性的。

但在他出任教皇以后，也开始整顿教会。在这之前的两个世纪中，罗马教廷波澜频现，1046年甚至出现了三位教皇并立的局面。[16]最后出现的这位教皇本尼迪克特九世（Benedict Ⅸ），在20岁时就被任命为教皇。所有这些都在格里高利成为教皇之后有所好转，并且他还得到一项好处，那就是威廉公爵许诺，在征服英格兰之后将服从教皇的统治，尽管这有些不确定，威廉绝不可能真的这样去做。

威廉是一个很有手腕的外交家，他的使臣说服了教皇，让教皇相信，英格兰教会有很多问题。教廷对英格兰的看法还因为斯蒂甘德而更加恶劣，这位坎特伯雷大主教被教廷开除教籍许多次。

同样受到指责的还有曾经领导军队进军威尔士的主教埃尔德雷德，他现在已经是约克和伍斯特两地的主教，他曾经拿"国王爱德华的天真朴实打趣"。[17]

戈德温家族的人则不那么擅长外交活动。5年前，哈罗德曾做出一个错误的决定，当时英格兰教会受到一些指控，他派出自己的弟弟托斯蒂格前往罗马为英格兰教会辩护。半维京血统的莽汉托斯蒂格没法在精致讲究的教廷圣座前留下好印象。在尼古拉斯教皇的复活节聚餐上，托斯蒂格坐在教皇旁边，当教皇告诉埃尔德雷德他的两个主教职位都将被撤销时，托斯蒂格立刻大发雷霆，并以拒付英格兰教会每年应上缴给教皇的贡金［彼得便士（Peter's Pence.）］作为威胁。

托斯蒂格并没有当场被收拾，但在他回家的路上，刚刚出罗马城外，他的队伍就被加莱利亚伯爵（Count of Galeria）杰勒德

（Gerard）攻击了，作为受害者的托斯蒂格被邻居的目无法纪弄得无比难堪，他对罗马的印象从此改变了。

有了教会的支持，威廉就可以将这场侵略包装成针对不虔诚者的一场讨伐。

当然，诺曼人与教会打交道的技巧比英格兰人要高明得多，他们也能够更多地接触到愈发严格的基督教教义，比如在某些地区教士独身主义开始盛行。所以，在教皇的祝福下，西欧地区的很多信徒加入了威廉以宗教为旗的大军中，他们得到的保证是：如果战死，死后他们的灵魂能够升天；如果战争取得胜利，他们将得到英格兰的一处庄园。为了使教会对自己的支持更加坚定，威廉还将自己的一个女儿送入了女修道院。

在得到教会支持的表态后，威廉写信给哈罗德，要求他拱手交出英格兰，还提醒他履行曾经立下的婚约，即让威廉的亲信迎娶哈罗德的妹妹，以及哈罗德迎娶威廉的一位女儿。此时的英王哈罗德复信表示，很不幸他现在已经结婚了，自己的妹妹也去世了，如果威廉想要，还可以将妹妹的遗体送去。[18]

1066年4月，一名英格兰奸细在诺曼底被抓，威廉派他回国传话："将我的这些话带给哈罗德——如果一年之内，他没有在他自认为最安全的地方见到我，那么他以后都不必再害怕和担心我，他将平安至老。"

1066

第8章
最后的维京人

The Battle of Hastings, Anglo-Saxon and Norman England

北欧雷霆

让局势更为糟糕的是,第三位统治者加入了王位争夺战,他就是挪威的疯王哈拉尔·西古德森(Harald Siguardsson,即哈拉尔三世,1046~1066年在位)。身高6英尺6英寸的哈拉尔绰号"北欧雷霆"(Thunderbolt of the North),以对待敌人从不心慈手软而闻名。他喜欢在宴会上玩的一个项目是将点着的木棒绑在鸟翅上,在鸟儿突出重围飞回城市某个角落的巢穴后,引起整个巢穴起火。这个把戏是在罗斯地区的维京人最先想出来的。[1]哈拉尔还得到了"哈德拉达"这个绰号——意为"冷酷无情的暴君"。

哈德拉达是国王奥拉夫二世同母异父的弟弟,就是那个曾经拆毁伦敦桥的奥拉夫,在敌人面前,他就像个可怕的怪物。他生得极其高大壮硕,披着金色的头发,留长长的胡子,手和脚都很大,两条眉毛高矮不对称。他穿着奇特的盔甲外套,长度足以覆盖腿,以保护他的脚踝,这套装备被他的手下称为"艾玛",因为它的外形就如同一条长裙。

哈德拉达从自己的侄子马格努斯一世那里继承了王位，因此他想着自己也理应成为英格兰的国王——这得追溯到马格努斯和哈德克努特之前达成的协定。这项协定多少有些不切实际，但在不得民心的哈德克努特去世以后，马格努斯一直在放出各种即将入侵英格兰的威胁之辞，不过也从未真正付出行动，直到最终他自己也去世了，算是了结了这个计划。

虽然哈拉尔极端崇尚暴力，但他也同样迷恋诗歌，他把自己生命中的每一件事都想象成史诗中的音符。将维京吟唱诗人的诗歌与说唱对决作比较，听起来就像是老师故意说出一些令人胆寒的类比，试图让一班胆小的少年牢牢记住某个知识点。不过基本上事实就是如此，维京人对勇猛的男性气概推崇备至，这成了他们歌咏的主题。对维京人来说，最重要的事情就是人们唱起歌谣，赞颂他们英勇无比、无懈可击。哈拉尔自己也写过一首诗歌：

今天我杀死了

十三个敌人，

丝毫不感到内疚，

每一次击杀我都记得清楚。

背叛我的人必须死，

不论手段正义与否，

否则他就要杀害我，

橡树总是从橡实慢慢长大的。

这当然比不上华兹华斯①的诗，但哈拉尔的确有其感性的一面。

奥拉夫和哈拉尔的母亲阿斯塔·古德布兰德达特（Asta Gudbrandsdatter）是一位很强悍的女性。她曾经告诉自己的长子奥拉夫："如果我能选择，我会更愿意你当挪威国王，就算你活的时间比不了奥拉夫·特吕格瓦松（奥拉夫一世），也应该达到西格德·希尔（Sugurd Syr）的水平，活到老年再死去。"西格德是哈拉尔的父亲，是个碌碌无为的国王。阿斯塔的长子后来的确成了国王，并且如期望般活到了足够成熟的年纪——42岁，最后在一场激烈的战争中死去。

孩童时期，哈拉尔就显示出自己少年老成的一面。当被问到在这个世界上最想要的是什么时，他的两个哥哥回答"谷物和牲畜"，而哈拉尔德却眼神炯炯地答道："战士。"

哈拉尔成长的时期正是自己的哥哥在位时，奥拉夫大部分时间都在与挪威贵族斗争，他们对国王制订的一些疯狂的新计划并不拥护。尤其是当奥拉夫提出法律面前人人平等的想法时，他的贵族首领们全都出离愤怒了。奥拉夫的统治在1028年被克努特推翻，1030年，他带着2500名士兵再次入侵挪威，其中就有自己年仅15岁的弟弟哈拉尔，足足比他小了22岁。战役于7月29日打响，在开战前一晚，奥拉夫梦见从天堂伸下来一架梯子，这可不是什么

---

① 华兹华斯（William Wordsworth，1770～1850），英国浪漫主义诗人，曾为桂冠诗人。其诗歌理论动摇了英国古典主义诗学的统治，有力地推动了英国诗歌的革新和浪漫主义运动的发展。他是文艺复兴运动以来最重要的英语诗人之一。——译者注

激励人心的好兆头。翌日,这个奇特的梦境成了现实,奥拉夫二世命丧于此。

随后,克努特让自己的情妇或妻子艾尔夫吉弗掌管挪威,她的统治很不受欢迎,没过多久就出现了一阵崇拜前国王的风潮,正是在这阵风潮下,肥胖的战士奥拉夫才成了圣徒。即使这样,饥荒仍然袭击了这个国家,最终人们要求挖出奥拉夫的遗体,挖出后发现他的遗体果然没有腐烂,这标志着他的神圣。尽管艾尔夫吉弗试图将此解释为是特殊的土壤状况造成的,但几乎没人相信这套解释,她丈夫的敌人在死后甚至比生前力量更大。

在奥拉夫战死的一役中,哈拉尔也受了重伤,他躲到了森林里,在当地农民的帮助下照看自己的伤势。然后他如许多没有工作的维京人一样,按照他们常走的路线,沿河从罗斯走到了君士坦丁堡,这里是东罗马帝国首都。

东罗马帝国,或称"拜占庭帝国",在西罗马帝国于5世纪灭亡以后仍然存续了一千多年。这里比其他任何西方国家都要发达,在哈拉尔时期,君士坦丁堡就已经有约50万常住人口——相比于几个世纪以前,人口已经减少了一半,但相对于西欧的其他地方而言,仍然是体量非常庞大的城市。那时的巴黎人口不超过5万,伦敦约有1.5万。君士坦丁堡市内有街道照明,输水和排水系统,医院,"孤儿院、公共澡堂、导水管、大型蓄水池、图书馆以及奢侈品商店",[2]这些都足以让维京人(或者任何一个北欧人)感到非常震惊了。君士坦丁堡拥有7座宫殿,包括黄金屋顶的狄奥菲洛宫(Triconchus of Theophilus)和带啤酒喷泉的西格玛大厅(Sigma)。

在这里,皇帝的王座由两只铜铸的狮子守护,前面是一棵枝上站着机关鸟的金属树。

维京人从罗斯出发,沿河而下来到拜占庭帝国首都,这些北欧人成了皇帝的雇佣兵,被编入瓦良格卫队[①](至今在东索菲亚大教堂的上层仍能看到关于他们的涂鸦,这里现在已经成为一个博物馆)。哈拉尔在拜占庭成长为一个闻名遐迩的战士,很多有关哈拉尔的故事都是这个时期的,其中有一些很可能是真实的。其中一则故事说,哈拉尔曾经因为诱骗一名贵族妇女而被投入竞技场,被迫与一只狮子进行战斗,但他英勇非常,战胜了百兽之王。另一则故事则说,哈拉尔与自己的好友哈尔多(Haldor)和乌尔夫一起出行时,遇上了一条巨大的蟒蛇,他们合力杀死了大蛇(这些故事显然包含了同一个主题)。

哈拉尔另一个值得铭记的时刻,是他挖出了前皇帝迈克尔(Michael)和其叔叔康斯坦丁(Constantine)的双眼,他们是皇室自相残杀中的失败方。(拜占庭的宫廷政变通常以败者被挖出双眼而结束,或是接受更为恐怖的惩罚,虽然他们认为,杀死对方的话就实在是有些过分了。)

还有一则关于哈拉尔的故事,是说他手下一群维京士兵围困了一座意大利城池,他们决定欺骗当地的僧侣,告诉他们哈拉尔已经在围城战中死掉了,要他们允许哈拉尔的遗体进城,为他

---

① 瓦良格卫队(Varangian guard),一支于10~14世纪在拜占庭军队中服役的精英部队,成员均为拜占庭皇帝的贴身护卫。在头一个百年中,瓦良格卫队主要由北欧人和罗斯人组成。瓦良格人是东斯拉夫人对斯堪的纳维亚半岛的日耳曼部落的称呼。——译者注

举办一个基督教葬礼。这个故事听起来实在太不可信了（在《荷马史诗》中也有类似的经典故事，可以说这是书中最古老的诡计了）。送葬的队伍一进入城中，哈拉尔就从棺椁中跳出来，与他的士兵们一起攻占这座城市。关于这个场景的长篇叙述这样写道："僧侣和神父们原本都争相上前，希望能够第一个触摸到遗体，现在他们挣扎着远离北欧人，因为北欧人正在杀害身边的每一个意大利人，不管是教士还是平民，他们肆意毁坏这座城市，屠戮百姓，劫掠教堂，抢夺战利品。"太可怕了！

哈拉尔最终与君士坦丁堡的教皇正式决裂，满载黄金回到了挪威，还带回了一位罗斯的妻子。他回国的时候，正值他的侄子马格努斯在位，现在哈拉尔想要自己坐上国王之位，而且他又是个那么不可理喻的人。侄子和叔叔曾经试图共治了一段时间，但效果并不理想。有一次，一位著名的吟游诗人阿诺尔·霍达森（Arnorr Hordarson）在面见两位国王时，被要求朗诵两首有关国王的歌谣，大家一致觉得关于马格努斯的那一首要更好些，哈拉尔为此非常生气，两位国王的关系更加紧张了。

这件事影响很大，因为哈德拉达曾经赠与霍达森一根镶金的长矛，作为回报，诗人答应他，若自己比他活得久，将为他写下一首佳作表达敬意——诗人也的确这样做了，这首史诗的副歌这样唱道："愿强大的哈拉尔永远与主同在。"听起来非常积极乐观。

马格努斯去世之后，哈拉尔成为唯一的国王，他做事的风格简单粗暴，这正是他绰号的来源。他主要的对手是艾纳·塔巴斯克耶夫（Einar Tambarskjelver）家族的一位成员"跛子贝里"（Wobbly

Belly），贝里领导一部分贵族和农民反对新国王的统治。有一次，贝里来到哈拉尔的宫廷，带着500名士兵和9艘战舰，因为他并不相信哈拉尔，所以理应全副武装。最终，一些农民的愤怒过于强烈，他们派艾纳为代表向国王提出要求，而哈拉尔则直接将艾纳砍死，然后烧毁了这些农民的房屋。一位诗人记录道："烈火治愈了农民们/对哈罗德的不忠。"这件事基本上是真实的。

哈拉尔是一位战士，性格张扬不羁，但据说他变得越来越不可理喻，完全丧失了理智和谨慎，这使得伟大的维京时代即将走向尾声。1065年，他终于解决了与丹麦王国之间长达数年的纷争，从而着手开始准备对英格兰的侵略战争，这最终被证明是一次鲁莽的征战。

富尔福德和斯坦福桥

与此同时，英格兰国王哈罗德在这一年春天开始巡视北境，希望获得北部民众的支持。那时候他身体抱恙，在两三年前可能患了中风，[3]后来一位叫阿德拉德（Adelard）的日耳曼医生治好了他，阿德拉德是神圣罗马帝国皇帝派来的，他建议哈罗德前往自己在沃尔瑟姆克罗斯（Waltham Cross）的教堂祈祷，这个法子似乎有些效果。

4月16日，哈罗德从约克回到威斯敏斯特，伴随着风声鹤唳的紧张气氛，和愈来愈强烈的厄运预兆。很多人都认为，一场可怕的灾难即将降临，每个人都有自己的理由。伍斯特主教乌尔夫斯坦(他是埃塞尔雷德时代"天狼"乌尔夫斯坦的外甥)说,这个国家所有的问题都是由于男人不肯剪去他们的头发。他相信,男人留长发会使他们如女人般虚弱,从而无法为国战斗、抵御外敌,总而言之,所有问题的根源都是头发。所以,当人们去乌尔夫斯坦的教堂做弥撒时,只要他们低头鞠躬,主教就会拿随身带的小刀削去他们的一些头发。

正是这个时候,托斯蒂格出现了。1065年的时候,他从英格兰逃往妻子的家乡佛兰德,突然有一天,他冒出一个愚不可及的想法——入侵英格兰。1066年的整个春天,托斯蒂格都在环绕北海航行,试图找到一个随便什么人跟他一起组织侵略大军。起初,他试图独自进攻林肯郡,但被艾德温和莫卡阻截了,他的海军都纷纷四散逃亡而去。

接着,托斯蒂格又邀请自己的堂兄、丹麦国王斯韦恩·埃思特里森(Sweyn Estridsen,即斯韦恩二世,1047~1074年在位)加入自己的入侵计划,但遭到了拒绝。尽管托斯蒂格动之以情,追溯国王血统直到克努特的父亲八字胡斯韦恩,埃思特里森仍然坚持说,他知道这是不可能赢得胜利的。这不太像过去维京人的脾气,托斯蒂格随即嘲讽他是个懦夫,但激将法同样也没用。相反,对于哈拉尔·哈德拉达或是威廉公爵将成为英格兰国王这个可能,斯韦恩非常警惕,他立即派出一支军队支援哈罗德。所以在黑斯廷斯战役时,丹麦人很可能是站在英格兰一方的。

托斯蒂格可能在佛兰德和诺曼底也遭到了回绝,但最后挪威国王答应下来,他们随即制订了侵略计划——回顾起来,这个计划真是令人难以置信的愚蠢。那时候挪威还和欧洲大陆较为隔绝，因此哈拉尔对英格兰内部政治知之甚少，不像丹麦或是佛兰德的首领那样熟知英格兰国内氛围，所以他并不清楚，托斯蒂格在英格兰有多么不受欢迎——可能除了托斯蒂格的妹妹以外，每个英格兰人都仇视着他。他们的计划相当草率，而且从哈拉尔的某些行动来看，他压根没想过给自己留后路。也许他认为，这场冒险终有一天会被写成诗歌，而那就是这件事的意义所在。至于托斯蒂格，他的行为是最让人百思不得其解的，一些历史学家甚至说，唯一符合逻辑的解释就是他疯了。

哈拉尔是个非常迷信的人，在出航之前他去了圣奥拉夫的坟墓，按照古老的维京习俗，他打开了墓室，剪下遗体的指甲和头发，然后锁上墓穴并将钥匙扔到了河里。出发前夕，很多维京人都开始做噩梦，还出现了很多不好的预兆。据说，哈德拉达梦见了自己的哥哥，哥哥警告他说，为自己与生俱来的权力而战死是光荣的死，死于抢夺他人之物是不光彩的死，二者有别，而这场远征最终不会得到好结果。哈拉尔德的副手之一吉尔德（Gyrd）也做了噩梦，他梦见一支英格兰军队由一位高大的女巨人率领，她的坐骑是一头狼，狼的下颌处挂着一个男人的尸体，嘴角还有鲜血在流淌。在狼吃完这个男人之后，女巨人又将它吃光了。吉尔德的这个梦要么是厄运的先兆，要么就是他喝高了。尽管出现了这么多凶兆，哈拉尔仍然如一个勇敢的维京人一样，将这件事看作一次巨大的探险。

他们首先到达设得兰和奥克尼群岛，哈拉尔留下了自己的一位妻子在这里，这意味着他可能没想过要回家，所以希望这个妻子能够安全避开自己其他的妻子（如大多数维京统治者一样，他还不能够完全遵守基督教的规定）。他还安排了一些王室与地方维京首领的联姻，所以当舰队南下时，还有一些奥克尼人加入了远征军。

事实上，一旦有了开头，每个人都开始声称自己应该是英格兰国王。布列塔尼的科南也加入了竞争，尽管他给出的理由很没有说服力。不过，这一年稍晚些时候，他就由于中毒而离奇死亡了。

英格兰民兵团整个夏天都在守卫南部海岸，等待诺曼入侵军的到来，但到了9月，入侵的可能性似乎开始降低，因为这个季节跨越海峡的难度变得很大。而且，由农民组成的军队有一个重要的问题，就是如果他们不能够按时回家收割，谷物就会腐烂，他们就会陷于饥饿。

9月8日，人们都认为这个时候要跨越海峡已经太晚了，哈罗德召回了一支军队。数天后，他的腿部疼痛得厉害，于是也返回了伦敦，但仅仅两天之后，消息传来，挪威人已经在诺森布里亚登陆，并烧毁了约克郡沿海的小城斯卡伯勒（Scarbotough）。[4]哈拉尔命人在这里的山顶烧起巨大的火堆，然后将火堆推往山下的房屋，让房屋全部陷入火海。一位历史学家解释说："这么做其实没有任何意义，不过让他们乐一乐而已。"[5]

在约克郡的一个叫富尔福德（Fulford）的村庄，侵略军碰上了一支人数非常少的英格兰军队，由艾德温和莫卡率领。侵略军轻松打败了他们。战斗结束以后，入侵者走过英格兰士兵散落在河上的头颅，"如同踩在石头上一样"。假如这两位北方贵族对国王的信心能够稍微多一些，他们也许就会撤退到附近的约克市城墙下，但他们显然并不指望能够得到及时援助，哈罗德的军队此时还在南方。

托斯蒂格曾经告诉挪威人，他在约克真的很受爱戴，但当他们抵达这里时，哈拉尔发现，他的英格兰盟友其实受万人唾弃。这个城市没有一个人欢迎前伯爵托斯蒂格，侵略军只好离开了这里，回到他们在里卡尔（Riccall）附近的营地进行庆祝。他们预计英王哈罗德到达这里还需要数天，甚至数周的时间。

事实上，英格兰军队正在沿着古罗马大道高速行军，9月24日约克城沦陷的那天，戈德温森的军队才刚出发一天。接下来，这一年的第二场战争打响了。维京人相信他们肯定不会在途中遇到敌人，在行军至斯坦福桥（Stamford Bridge）的路上他们甚至没有穿上盔甲，只是穿了单衣，还期待着当他们到达村落时就能够得到上交的贡金和人质。他们怀着快乐轻松的心情前进，但当他们真正抵达目的地时，却发现一大拨军队正在迎接他们。托斯蒂格一如既往地自欺欺人，他以为这些人是来向他投降的，直到后来他们才渐渐明白，原来这是在极限时间内已经抵达此地的英格兰南部军队，他们的行军速度达到了每天50英里。

在双方正式交战之前，戈德温家的两兄弟之间发生了戏剧性的会面。这个故事来自14世纪的冰岛长篇传说《赫明格的故事》（*Hemings páttr*），它吸收了一些古老挪威故事里常出现的兄弟残杀的情节。⁶在这篇传说中，哈罗德假装自己是英格兰国王的一位信使，来到挪威军队驻扎的地方找到自己的弟弟——"一个高大威猛并且极爱唠叨的男子"，⁷并用英语大声呼唤道，国王哈罗德许诺，只要托斯蒂格肯改变立场，就将英格兰国土的三分之一赐给他。托斯蒂格回复道，他不能抛弃哈德拉德，并询问哈罗德能给挪威人什么好处。哈罗德回复说："既然他不满足于自己的国土，那么我将赠予他六英尺英格兰土地①——也许还能更多一点，因为他是个高大的男人。但不能再多了，因为我并不在乎他。"

托斯蒂格拒绝了哥哥的条件，哈罗德也就离开了。事后，哈德拉德才知道这名信使的真实身份，并感到非常愤怒，因为他的敌人曾经就站在一射之地内。但历史无法更改，哈拉尔很快就将得到自己的七尺之地，而维京时代也即将骤然结束。挪威人再次为世界所知，就是他们颁发诺贝尔和平奖的事情了。

在这场战役打响之前，哈德拉德在视察军队时不慎失足落马——这是个不祥的预兆。但当英格兰军队试图攻桥时，他们被一个极其高大的维京士兵阻挡了，这名壮汉站在桥头纹丝不动，单手架起防御，杀死了将近40个英格兰士兵，直到一个英格兰人从桥下潜行到他脚底，用长矛将他刺穿。传说里讲到，守卫国家的英格兰士兵为自己用这种不光彩的方式杀死敌人而感到抱歉，这听起来真是极具英式风格。

在盾墙被攻破之后，哈拉尔进入了典型的维京式愤怒中，如

---

① 意思是给他一块墓地。——译者注

同传说中的巴萨卡①，这个神话人物有着超自然的力量，能够向敌人发起强力进攻——除非他喉咙中箭当即死亡，这样突如其来的结局可能更令人扫兴。

英格兰军队攻了过来，哈拉尔被击倒，在濒死时他仍然做了件奇特的事——他向自己的书记兵口述了一首诗期望留给后代，至少根据一篇传奇故事的记载来看是这样，这篇故事里哈拉尔的遗诗如下："我们列队前行，盔甲全无，迎头对上的，是漆黑的刀刃。头盔反射光芒，却不是我方的，而我们的战甲，还静静地躺在船里。"

挪威人失去了他们的首领，托斯蒂格继续领导着战斗，直到他自己也战死。根据北欧传奇的描述，他是被飞箭刺穿了眼睛（另外，哈罗德在三周之后也去世了，这是让中世纪历史学家们感到非常困惑的一点）。哈罗德将自己的弟弟郑重其事地安葬在约克大教堂，并宽恕了幸存的斯堪的纳维亚士兵，让他们回家——前往英格兰的300艘战舰只剩下了20艘左右。12世纪20年代有一位参观者来到此地，他记录道，在战场遗迹仍能见到如山一般的累累白骨。[8]哈拉尔的两个儿子马格努斯和奥拉夫都幸存了下来，还有托斯蒂格的几个孩子。哈拉尔的一个手下斯特尔卡（Styrkar）在开战时逃跑了，他偶遇了一个穿着外套的英格兰马车夫，他想要出

---

① 巴萨卡（Berserker）是北欧神话中的名词，意思是"披着熊皮的人"。在北欧神话传说中，受主神奥丁庇护的战士，能够得到一股拥有熊之精神、狼之勇猛的力量，在战场上会陷入极端兴奋的忘我状态，没有恐惧、疼痛的感觉，忘记流血的痛苦而打击敌人，以超强的肉体疯狂杀敌，身上最多只会穿轻装甲，甚至赤裸上身作战，一直战斗到死。——译者注

钱买下车夫的外套，却因为战争失败而遭到了嘲笑，于是他愤怒地砍下了车夫的脑袋。这个故事告诉我们：如果一个疯狂的维京人向你提出了得体的请求，一定要立刻答应。

尽管知名度不高，但斯坦福桥之战是维京时代结束的标志。这场战争的失败导致挪威花费了很长时间才慢慢恢复。随着基督教地位渐趋稳固，以及斯堪的纳维亚国家集权化的增强，如哈拉尔这样的人物已经成为过去式。

哈罗德·戈德温森赢得了中世纪最具决定性的战争之一，不幸的是，这却仍然算不上是那一年最重要的战争。9月28日，诺曼人在苏塞克斯登陆，哈罗德此时已经带领自己刚经历完大战、精疲力竭的大军启程回南部，否则他很可能要再晚个四五天才能得到消息了。历史已经证明，这真是不平凡的一年。

1066

第9章
黑斯廷斯之战

The Battle of Hastings: Anglo-Saxon and Norman England

远　征

　　威廉的入侵舰队共包括700～1000艘战舰,[1]威廉自己所在的指挥舰长达55英尺,以诺曼底的雄豹形象制成桅顶,这是妻子送给他的礼物。诺曼底公爵的随行大军中还有来自佛兰德、日耳曼、意大利、丹麦、布列塔尼和法兰克的商人,但此次航行并不顺当,当威廉终于踏上英格兰国土时,他脸上的表情都是无精打采的。一位下属立刻宣称,公爵即将迎来属于自己的新王国,[2]尽管此前他们已经有两艘船折损在航海途中了,其中一艘船上搭载着一位为军队效力的先知。当威廉得知这个消息时,不禁嘀咕道:"他都不能够预知自己的死亡,可见不是个多么高明的先知。"

　　哈罗德回到伦敦之后,他的弟弟吉尔斯提出了理智的建议:国王应当守御王城,而派自己带兵迎接侵略者,这样即使自己战败而死,英格兰也还能有继续战斗的希望。当哈罗德的母亲劝阻他不要与威廉正面交战时,哈罗德"粗鲁地一脚踢开了她"。不管是出于骄傲还是自负,哈罗德都觉得自己应当亲自领军保卫国土。

侵略军已经开始践踏苏塞克斯的土地,并恐吓这里的居民,他们故意这样做就是为了激怒国王,让他出城迎战——这招激将法果然见效了。³哈罗德的家族就是来自苏塞克斯郡,他可能认为,让外国敌军在自己的家乡肆无忌惮地横行,是自己作为国王的巨大失败。但假如他那时没有冲动,而是再等一等,他或许能够组织起一支两倍或三倍数量的英格兰军。并且在之前的斯坦福桥之战中,哈罗德还流失了一部分英格兰民兵,他们纷纷离去的最大原因是哈罗德不允许他们抢夺敌人的战利品。

这样一来,英格兰的所有领导者都一起前往黑斯廷斯,除了刚满13岁的埃德加·阿塞林(Edgar Atheling)王子①。如果哈罗德那时听从了母亲的劝告,那么即使英格兰军在黑斯廷斯失败了,也只是意味着诺曼军将面临下一场与另一支英格兰军的对战,因为哈罗德总能从周围的乡村召集更多的战士,而诺曼人的数量必然会由于各种疾病的传播而逐渐减少。事实上,如果哈罗德能够稍微谨慎一点,诺曼征服这一事件就不会完成。

10月13日的晚上,双方军队都在黑斯廷斯扎下营地,尽管英格兰军疲倦不堪,他们仍然占有一定优势,因为哈罗德占据了这个地带的制高点——森拉克(Senlac)山丘。威廉在第二天一早吹响了进攻的号角,尽管从山脚往上冲锋是极为不利的。

诺曼史家后来记叙,英格兰人在战斗前一晚喝得酩酊大醉,直到深夜,仿佛每个英格兰士兵都认为,决战前夕就应该狂饮一

---

① 英格兰国王埃德蒙二世的孙子,1066年在哈罗德二世去世后被指定为王位的直系继承人。——编者注

番。另一则记录说:"正如我们能听到的,英格兰士兵一整晚都没睡,一直在不停地唱啊喝啊……而诺曼人却一整晚都在忏悔自己的罪行,晚上吃的是圣餐。"[4]

诺曼诗人韦斯写得更加详细:"(英格兰人)一整晚都在吃吃喝喝,未曾上床歇一会儿,他们可能一直在开怀畅饮、嬉笑玩乐、边唱边跳";而诺曼士兵"整夜都在默默祈祷,怀着严肃的心情"。诺曼人似乎总爱将英格兰人描绘成无脑的醉汉,虽然平心而论,他们也的确如此。再者而言,记录历史的又往往都是僧侣,他们一贯将任何失败方写成堕落的人,以加强人们心中的信念,即好运只眷顾虔诚祈祷的人。

从这一天早晨9点开始[5],约有七八千英格兰士兵投入战斗,诺曼方面的参战规模大致相同。英格兰人喊道:"滚!"他们的敌人则喊:"主与我们同在!"。英格兰军队阵型非常紧密,来自肯特的士兵站在最前线,来自约克郡的"稳固的丹麦兵"组成左翼,伦敦的士兵占据中央以保卫国王哈罗德和高举的战旗——绘有韦塞克斯飞龙"双足双翼龙"(the wyvern)的军旗,以及国王个人的标语幅"斗士"(Fighting Man)。而他们的对手侵略军则列为三个集团兵,布列塔尼人组成左翼军团,诺曼人组成中央大军,法兰克人占据右翼。

英格兰军的一大特点是他们有3000名贵族的家族侍卫兵,每个侍卫拿着大型双手斧,足以将战马劈成两半。然而,英格兰军都是步兵,而诺曼人有2000名骑兵,1000名弓箭手——这比防守一方的英格兰强大很多。此役进行了整整一天,相较于那个时代普遍一个小时就能结束的战争而言，这场战役是很特殊的了（在这个时代，激烈的战斗都很少见，因为士兵们都会避免以死相搏，期望着对方会掉头回家）。

威廉将哈罗德的遗物戴在了自己脖子上，据说哈罗德曾以此物发誓。威廉这样做是希望进一步刺激自己的战士们勇猛作战，但作为诺曼士兵，他们得到的鞭策已经够多了。在战斗之前，公爵发表了一次战前演讲，"但骑士们太兴奋了，在威廉的演讲结束之前就急切地冲了出去，留他独自在原地继续演说"。之后，威廉将自己的盔甲前后倒过来穿上，这又被视为一个不祥的预兆——不过这样的凶兆在这类故事里可太常见了。

在此战正式开始之前，威廉公爵召来一名骑士，让他和一个撒克逊人来一场一对一的决斗，这个搏命的任务最终由塔里弗（Taillefer）接下，他不仅是个军事冒险家，还是个职业的杂技演员。塔里弗杀死了向他挑战的英格兰人，然后冲向了英格兰军的盾墙，并立即被杀死了，这简直是预料之中的事。

战争以诺曼人向敌军射出一大簇箭矢为开端，这些飞箭本意是想射中他们的脸，但对层层保护中的英格兰侍卫收效甚微。随后，侵略军展开了一波又一波如潮般的进攻，威廉公爵自己也全心投入其中，这一天之内他就换了三匹战马。

事情本也可以朝另外的方向发展，这一天的某个时间，曾有流言四散传开，说公爵已经战死。这时威廉扔掉了头盔，向自己的士兵证明他还活着。本来此时的诺曼军队已濒临崩溃，威廉大声朝他们嘶吼道，若有任何人临阵脱逃，他们就全都会死。

诺曼人攻势连连，战局却陷入僵持。某一刻，左翼的布列塔尼人开始回撤，这让英格兰军认为他们的敌人已经支离破碎，于是趁势追击，严密的防守阵型出现了缺口。诺曼人于是想出了一个办法，他们佯装再次撤退，让英格兰军继续深入，最终英格兰军的阵型被完全打乱，并丢掉了高地，接着哈罗德的弟弟吉尔斯和利奥夫温（Leofwine）也战死了。

这时，威廉命令4名骑士追击国王，将他砍死。第一名骑士刺中了国王的胸口，接下来的两名击中了他的头和手臂，最后一名砍下了他的腿。据记载，威廉认为最后一名骑士的行为即使按他的标准衡量也太过分了，因此将这名过于冒犯的士兵遣回家乡，剥夺了所有奖赏。[6]

至于哈罗德到底有没有被射中眼睛，我们不得而知：这个说法最早出现是在100年之后了，而著名的巴约挂毯上的箭杆，则很可能是18世纪的无聊者添上去的。这则关于眼睛的故事也可能是诺曼人的宣传手段，因为失明是圣经中对违誓者的惩罚。不过无论如何，哈罗德总是死了。某个版本的故事说，威廉亲自领导了这支追杀小队，但可信度很低，他不太可能做如此冒险的事情。同样不可信的还有另一种说法，说吉尔斯在威廉杀死自己之前将他推下了马，这个情节很可能来自荷马的《伊利亚特》。

这一天诺曼军损失了2500名战士，英格兰方面损失了4000人，其中包括这个国家的大部分贵族。战后，威廉并不屑于安葬战败者的尸体，于是哈罗德的情妇天鹅颈伊迪斯只好通过身体部位来辨别他的遗体，因为他早已被毁得面目全非了。然而这样的屈辱还没有结束,尽管哈罗德的母亲提出条件,愿意以与哈罗德身体等重的黄金作为交换筹码,威廉也不肯交出哈罗德的遗体。于是直到今天,我们仍然不知道英格兰的最后一位本土国王究竟埋在哪里。一个说法是,威廉在海边为哈罗德立了一座墓碑,以嘲讽他守卫英格兰免于侵略的行为。这项任务由威廉·马雷(William Malet)执行,[7]他是可以确定身份的威廉的19位"伙伴"之一。[8]还有一则有关哈罗德的传奇,说他其实幸存了下来,成了四处流浪的隐士。[9]

后来,一座废弃的修道院成了黑斯廷斯之战遗址的地标,那是此役之后威廉在感恩节修建的,希望能让"上帝"忽略他在这场征服中杀死了几千人的罪孽。教皇则认为,诺曼人建立这座修道院是为了换取教会对这场侵略的支持,毕竟它在道德上不太站得住脚。威廉将最高的圣坛建在哈罗德被刺死的地方,并将教堂献给圣马丁,因他是战士和酗酒者的守护神。这所修道院在宗教改革时遭到摧毁,不过现在已经重新对公众开放,每日接待成百上千名游客。[10]

之后,诺曼军乘胜追击逃散的英格兰军,却遭遇了他们称之为"死沟"(malfosse)的"恶魔之坑",损失了不少兵将。侵略军还相信,一支新的英格兰军队早晨就能抵达:他们还没完全赢得胜利。而在伦敦,13岁的埃德加王子已经急匆匆地登基了。威廉的军队开始接连攻城拔寨,在动用一系列暴行后,多佛投降了。此时的英格兰只剩下12座防御简易的城堡,面对这样强大的敌人根本做不出多少反抗。接着,威廉在坎特伯雷患上了痢疾,奄奄一息——这样一来，整个远征都可能会成为竹篮打水一场空。不过，威廉最终恢复了过来，率军包围了伦敦并继续一路向西征伐，约克大主教埃尔德雷德在泰晤士河畔的瓦灵福德（Wallingford）投降，而后埃德加、其他主教和贵族领袖也承认威廉为国王。

1066年的圣诞节这天，耗资甚巨的威斯敏斯特教堂开始发挥它的功用，在这里，主教用英语和法语两种语言为威廉加冕——威廉成为英格兰的国王。这里的民众为了能在新国王治下过得好一些，大声用拉丁语欢呼着"国王万岁"（Vivat Rex）。但威廉手下那些神经紧绷、动辄刀枪的士兵们却产生了误会，将人们并不真诚的欢呼当成了暴动，他们立即向人群发起攻击，接着又在周围的建筑物纵火。这不算是个好的开头，也不是处理公共关系的明智手段，并且之后的局势也并没有变得好一点。《编年史》中抱怨道："他们在这片土地上到处修建城堡，残酷镇压悲惨的人民，本就凄惨的现实变得更加糟糕了。"

巴约挂毯

我们所了解的有关黑斯廷斯战役的信息，大部分都来自巴约挂毯。它可能是历史上的第一幅连环画，严格来说，它其实是一幅刺绣作品，上面绘有从1064年哈罗德访问英格兰到黑斯廷斯战役的画面，图上还附有拉丁文字注释。它于这场战争结束不久之后制成，后来一直被藏在巴约基督教堂，直到18世纪20年代才被发现。

这幅挂毯只有9英寸高，但有80码长，比纳尔逊纪念柱还要长三分之一，[11]足有华盛顿纪念碑的一半长。不过让人沮丧的是，它的最后一部分似乎被人撕扯掉了，我们能见到的最后一个画面是哈罗德被杀死，英格兰士兵四散溃逃。

巴约挂毯极有可能是肯特织工在诺曼首领的要求下制成的，但并不能因此判断它是明确支持威廉的。尽管上面绘有哈罗德秘密宣誓效忠威廉统治的情节，但也有诺曼军队肆意烧毁村庄的暴行，而且其上的文字称呼哈罗德为"国王"，这是诺曼人拒不承认的。

挂毯有很多奇怪的地方。它的顶部和底部由一系列图象构成，包括一些奇怪的野兽，和"诡异的事件"。[12]

挂毯还制造了一些未解的谜团。几个世纪以来，挂毯的保管者都将它剪掉一些作为纪念品分发[13]，所以到如今，我们完全无法确定它的准确程度。在"哈罗德被杀死了"这句话下面，我们仍不清楚哪一个形象代表了国王，以及是不是其他哪个可怜虫被射中了眼睛，或者这一幕根本就是后来才加上的。

一些人认为，巴约挂毯是在奥多主教的命令下制成的，因为它很可能是在肯特制造的，而奥多正是1066年后肯特郡的领主。在所有有关这场战役的文字记录里，奥多都鲜有被提及，但在挂毯上他却是主角之一，只有威廉和哈罗德出现的频率比他更高一些。

另一种说法是，它是受布洛涅的尤斯塔斯之命制成的。尤斯塔斯是忏悔者爱德华的姐夫，尽管他对威廉本人抱有敌意，因为威廉曾经下令杀死他的继子——曼恩的沃尔特,但他仍参加了此次入侵。当尤斯塔斯加入时,威廉带走了他的儿子作为人质,这导致了两人日后的决裂。两份关于这场战争的记载中,有关尤斯塔斯的说法各异,一份记载说他是威廉身边最核心的指挥,另一则记载则称他为可怜的懦夫,之所以能活到战争结束全靠别人把他打晕了。

还有人说是哈罗德的妹妹伊迪斯(也是忏悔者爱德华的妻子)下令制造了挂毯。整个挂毯上出现了626个人物,只有3个女性,她就是其中之一,并且是以积极的形象出现的。黑斯廷斯战役之后,她得以平静地过完悲惨的余生,1075年她去世之后,威廉为其举行了豪华的葬礼。威廉曾接连杀死了她的3个兄弟,并将她的第四个兄弟关在大牢里整整30年,也许这样一次葬礼是他最吝啬的给予了吧。

我们如今还能看到巴约挂毯,实在是非常幸运的,因为在1792年法国大革命期间,它曾经差一点遭到摧毁:有人打算将它裁剪成小块,用于覆盖一辆装满军火的马车。然后又有一些人打算将它撕成碎片,用作某个疯狂的"理智节"上抛洒的五彩纸屑,直到一位勇敢的官员制止了他们。后来,拿破仑对挂毯产生了兴趣,亲自来观赏——因为上面描绘了一次对英格兰的成功征服,从这以后巴约挂毯才开始备受瞩目。拿破仑将挂毯带到了巴黎,那时还排演了一部戏剧,讲述威廉的妻子制成挂毯的过程(在法国,巴约挂毯被称为玛蒂尔达王后挂毯,因为此前人们曾误以为挂毯是她授意制成)。

当1803年又一颗彗星划过天空时，它也被看成是某种预兆，尽管拿破仑集结了15万～20万名士兵、2000艘战舰，这一次入侵仍然始终没能付诸于行。人们对挂毯的兴趣越来越高，1816年，伦敦古文物学会（Society of Antiquaries in London）委托绘图师查尔斯·斯托特德（Charles Stothard）为挂毯进行临摹，并写下一篇评论，共花费了超过两年的时间。他做完这项工作之后，还偷走了挂毯的一小块带回家，直到1871年才将其归还，最终被偷走的这部分收藏于维多利亚和阿尔伯特博物馆（到那时，这块缺失的部分早已被替代品补上，因此它并没有再被缝回去）。1842年，一位名为雷夫·托马斯·弗洛格纳尔·迪布丁（Rev Thomas Frognall Dibdin）的教区牧师也偷走了挂毯的一部分。

与此同时，一些维多利亚时代的淑女们——以伊丽莎白·沃尔德（Elizabeth Wardle）夫人为首——希望英格兰也能拥有自己的巴约挂毯，她们聚集在一起，制成了一幅几乎一模一样的复制品。这幅本来堪称完美的复制品至今仍在雷丁（Reading）供人参观。

1066

第10章
诺曼之轭

The Battle of Hastings, Anglo-Saxon and Norman England

诺曼贵族

英格兰现在已经为外国精英所统治,维坦从此消失在历史舞台,罗马教会清除了英格兰本土的主教和其他教派,将郡改名为县。没人会给自己的孩子起名"吉尔斯"(Gyrth)或者"利奥夫温",除非他们想让自己的孩子在学校被欺负。

所有参加了黑斯廷斯战役的英格兰人,不管幸存还是战死,他们的土地被全部没收,这是接下来一系列事情的前奏。威廉命令伯里修道院院长清点自己辖区内的民众,凡"在战争中反抗我并战死的",他们的所有财物都必须上交。[1]英格兰贵族遭到清洗、流放,被赶出自己的家园,不到一个代际的时间,本土贵族就完全消失了。

圣诞节一过,诺曼人就开始了伦敦塔的修建。他们在接下来的50年里还修建了500座城堡,基本上每10英里就有一座,其中90座是石头建筑。[2]这些建筑不仅是诺曼人占领这里的象征,更成为英格兰人眼中难以忽视的刺,他们只能居住在城堡周围密密麻麻的单层建筑中,其中很多人还被迫参与了城堡的建筑工作。

《编年史》在1066年之后的记载中提到:"当他们修建这些城堡时,往其中填满了'妖魔鬼怪'……他们向村民征税……他们烧杀抢掠"。女人们遭受着所有能够想到的恐怖之事,正如《编年史》中的描述:"贵族少女们被低等士兵侮辱,受虐于这些人间的渣滓,只好哀叹自己的命运。"

英格兰本土的贵族都被剥夺了财产,5000名塞恩(相当于骑士)作为一个阶层消失在历史舞台,170名诺曼贵族瓜分了这个国家三分之一到半数的土地,成千上万的自由民沦为农奴。

有记载说当时在英格兰定居的法兰克人和诺曼人约有20万,但由于那时的总人口约为200万,因此诺曼人和法兰克人的数量应该在两万人上下。英格兰统治阶层的贵族变成了布列塔尼人,而不是诺曼人,还有一部分则是巴黎人。事实上,英格兰人更愿意将侵略者称为"法兰克人",有时也叫"罗马人",正如法国人如今自称的一样。[3]

1066年的整个冬天,威廉都在英格兰度过,而他的妻子则治理着诺曼底。第二年春天当威廉和下属们回到法兰克时,巴黎人"被他们镶金的华丽服饰闪得眼花缭乱"。新兴的诺曼贵族极其富有,根据2000年在《星期日泰晤士报》上的一篇文章推测,奥多主教获得了肯特和22个郡内的部分土地,他的身价放在今天约有432亿英镑。威廉的另一个同母异父兄弟莫泰恩的罗贝尔,身价则为461亿英镑,瓦伦纳的威廉(William of Warenne)拥有的财富达到了令人震惊的576亿英镑,他在13个郡内拥有土地。新国王则更加富有,不过尽管威廉已经富到令人瞠目结舌的地步,戈德温家族还是更胜一筹。

威廉的另一位亲信威廉·菲茨索斯本(William Fitzosbern)被封为赫里福德伯爵,同时得到了怀特岛,并立即开始在那里修建城堡。不幸的是,仅仅5年之后,一位佛兰德女公爵向他提出邀请,只要他肯向她的领地出兵,就委身下嫁于他。这种邀请对一个诺曼人而言简直无法抗拒,他却最终死于这次出征。除此之外,连威廉的厨子特泽林(Tezelin)都得到了一整座庄园作为奖赏——他为国王做了特别美味的汤,由母鸡、核桃、牛奶和阉鸡熬制,因此得到了萨里的艾丁顿庄园(Addington)。⁴

教会也被诺曼人掌控了,他们极力镇压对英格兰圣徒的崇拜,削弱本土基督教势力。1083年,格拉斯顿伯里大修道院的僧侣们集体抵抗一项新的诺曼礼拜仪式,士兵们在唱诗班的长廊向他们射箭,死伤数人。《编年史》记载道:"鲜血从圣坛流到台阶,又从台阶流到地板上。"

新兴的超级贵族都拥有大量的土地和财富,足够养活一小支私兵,这构成了封建制的基础;拉丁文中有"责任"和"义务"之说,在这套制度下,地方领主作为封臣,从国王那里获得分封的领土,其后代享有继承权,同时对国王负有一定义务。尽管传统来讲人们一般把创建"封建制"的罪责归到诺曼人头上,但那时的英格兰其实已经存在类似的制度。⁵

1086年,在蒂斯河(Tees)以南只有两个英格兰人拥有贵族庄园:阿登的瑟克尔(Thurkill of Arden)和林肯的柯思文

（Colswein of Lincon）。尽管盎格鲁-撒克逊人也有贵族阶层，但他们的替代者诺曼人数量更少，也更加富有——罗杰·德·布斯里（Roger de Busli）在诺丁汉郡和南约克郡拥有的土地，原本属于80个不同的英格兰地主。

大量的土地被划分成为"林地"（forests），约占国土的三分之一——这个词在这里并不是指树林，而是指王室的土地，平民是不允许在这里狩猎的，新森林地区（New Forest）是最著名的林地（整个埃塞克斯郡也都是林地）。在王室领地偷猎一旦被发现，将会遭到严厉的惩罚。非法狩猎会被抽出腿筋变成残废，就连狗被发现在此捕猎也会遭受同样的惩罚。事实上，任何在王室领地生活的狗都会被切去前脚掌上的三个脚趾，直到理查德一世时期（1189~1199），王室领地上的鹿都是驯养的。

如同许多铁血者一样，威廉一世也对动物深有感情，"爱鹿如同爱自己的子女"，一位编年史家如此记录道（尽管实际上他颇憎恶自己的儿子）。

农民从王室领地内被驱逐，以免他们偷猎，住在周围的人则需要为狩猎时过路的王室成员提供茶点，否则会以叛国罪被起诉。有论者提出，早在此之前，狩猎就已经成为一项全民可享的消遣活动，如欧洲其他地方所维持的习惯一样，但在那时的英格兰却逐渐变成了上层阶级才能进行的运动，在新森林地区为了给皇室狩猎留出足够的场地，大量农民被驱逐。[6]诺曼人非常迷恋这项运动，他们把野鸡和野兔引进到英格兰，就是专门为了猎杀之用。

两族间的冲突总是无处不在，威廉因此不得不禁止自己的士兵在酒馆喝酒，以减少斗殴事件。不过，诺曼人对英格兰人的提防从未消失过，所以出台了一套新的法规——英格兰人法律（The Law of Englishry）。这套法律中规定，凡政府发现的尸体，都被默认为是被英格兰人杀死的诺曼人，除非有确实的证据来反驳，否则附近的村民就要赔付一大笔罚金（如果能够证明死者是英格兰人，那他们就没事了）。这项规定带来的一个预料之外的后果就是，谋杀从一项由罚款就能了结的私人事务（如撒克逊人的处置办法），变成了针对王权的罪行，不过在当时，这种超前的想法并不是制定此项法律的目的。

英格兰的反抗

1067年威廉回到诺曼底，留下弟弟奥多掌管英格兰事务，但不久之后他又不得不回到英格兰镇压起义。第一次起义是布洛涅的尤斯塔斯领导的，事实上他是威廉之前的盟友，1067年，他宣称多佛成为自己的领地，揭开了起义的序幕。尤斯塔斯是阿尔弗雷德大帝和查理曼大帝的后裔，也许他自己也想成为国王，所以就召集了一支200艘战舰组成的舰队，发起了对东安格利亚的进攻。但此时他的丹麦盟友斯韦恩被金钱收买，从而背弃了他。不过尤斯塔斯很幸运，后来他向国王道歉并逃脱了惩罚。

戈德温森家族残余的成员部分逃到了爱尔兰，这时也重新回到了政治舞台。哈罗德的儿子戈德温发起了对西部各郡的攻势，最终失败，又逃回爱尔兰岛。哈罗德的母亲吉萨当时已经六十多岁了，她在埃克赛特领导了一次更加猛烈的起义，持续了18天，造成了上百人死亡。事败后这位强硬的老太太潜逃出境，可能逃到了斯堪的纳维亚。

1067年12月，威廉率领着一支诺曼士兵和英格兰士兵混编的军队来到埃克赛特。尽管他素来脾气暴躁，但却不允许自己的军队践踏这座已经投降的城市，也没有增加他们的税收负担。所以当1069年多佛和康沃尔爆发起义时，埃克赛特站在了威廉这一边。

还有举止怪异的野人埃德里克（Eadric the Wild），他在英格兰与威尔士的交界地区发动了一次起义，他声称自己已经娶了一位漂亮的公主，并在将她引荐给威廉时介绍说："来向野兽问好。"（威廉自己从未承认过这个故事。）

声势最浩大，也是受惩罚最严重的一次起义，发生在英格兰北部。起先威廉把诺桑布里亚交给托斯蒂格的前副手科普西（Copsi）管理，但5周之后他就遭遇了谋杀，设下埋伏的是奥斯伍尔夫家（Oswulf）的一员，其父是伯尼西亚的艾德伍尔夫（Eadwulf of Bernicia）。但这年秋天，奥斯伍尔夫自己也死于土匪之手。所以最后，他的表亲格斯帕特里克得到了伯爵爵位。

这次起义发生在1069年，当时这个古老而热衷谋杀的诺森布里亚贵族家庭中，有一个成员杀死了一名诺曼新贵，然后率领一支由英格兰人和丹麦人组成的军队前往约克，残忍杀害了那里几乎所有的诺曼人。其中只有两人得以逃脱，并向威廉报信求救。

可想而知，起义者得到了极为严厉的惩罚。在威廉"急忙赶到北部"之后，发现牲畜和粮食都已经被烧毁，数千人在屠杀中丧命，数十个村庄和大片屋舍毁于一旦。最后，约有15万人被杀死，剩下的人在荒野中孤立无援，被迫自相残杀；约克郡失去了四分之三的人口，英格兰北部地区花了几个世纪才从这一次的灾难中恢复过来。威廉一如既往地虔诚，尽管当时他还在约克郡作战，仍然坚持要庆祝1069年的耶诞日，并在一个烟火未尽的小城废墟中进行了庆祝仪式。就连威廉的传道者达拉谟的西缅（Sineon of Durham）也无法替这样的毁灭辩护："我更愿为苦难的人民所遭遇的不幸而默哀，而不是徒劳地奉承造成这些苦难的元凶。"

还有一次更为著名的英勇起义，是由颇为神秘的唤醒者赫里沃德（Hereward the Wake）领导的，他是一位来自林肯郡的小贵族，靠着自己信赖的宝剑"吸脑者"（Brainbiter）领导了这次运动。然后莫卡伯爵和艾德温伯爵也加入了他的阵营——后者加入是出于对威廉的愤怒，威廉曾许诺要将女儿阿德莉萨嫁给他，但他空等了4年之后，国王却反悔了。

然而到了1071年，艾德温被自己的下属背叛，叛徒砍掉了他的首级并将其献给了威廉。即使是威廉也觉得这样做有些过分了，"当他目睹这恐怖的一幕时，也感到毛骨悚然，甚至掉下了眼泪"。[7]可怜的阿德莉萨与哈罗德的婚约没能生效，她为此伤心欲绝。她的姻缘似乎总是运气不太好，第三次的婚约是许给了卡斯提尔的阿方索（Alfonso of Castile），又失败了，自此以后，她选择回避一切与婚姻有关的话题，进入了女修道院修行。[8]

尽管赫里沃德被歌颂为英雄，他宣称自己是一个自由战士的说法仍然受了些许影响，因为正是他洗劫了英格兰人掌管的彼得伯勒修道院。《编年史》对此事只是一笔带过："他们说，他这样做是出于对自己教堂的忠诚。"丹麦人曾许诺赫里沃德会帮助他——诺曼人一定是糟透了，以至于人们甚至都已经开始怀念维京人了——当丹麦人于1070年来到彼得伯勒时，他们的确受到了当地人的欢迎，然而他们却只是拿走了修道院的财富，接着就离开了。

赫里沃德的军队遭到围攻，损失惨重，他当晚就消失了，人们猜测他的去向有两种可能：一种说法是他并未死去，而是继续战斗；另一种说法是他已经被淹死了。在国王威廉的大调查汇总文件《末日审判书》(*The Domesday Book*) 中，记录了多年后在西米德兰兹郡（West Midlands）有一个名为赫里沃德的人，一些历史学家认为这个人就是之前那位赫里沃德，尽管这听起来似乎不太可能，毕竟他作为一个知名的在逃犯，除非是脑子出了问题，才会在调查表上写自己的真名。

此起彼伏的起义只能让诺曼人的统治更加残酷严苛。国王一开始还试着学习英语，用缓和的手段统治英格兰，但后来他放弃了学习这门语言，1070年以后，英语再也没有出现在任何官方文件里。从这时起，他的统治就只剩下恐怖了。

关于诺曼人的统治，有一点值得一提，那就是他们对死刑的把控非常严苛，威廉一世统治期间仅仅判处过一位英格兰贵族削首之刑，即1076年处决了诺森布里亚的沃尔特奥夫。他曾经参与了1069年的约克郡起义，而后与国王讲和，并迎娶了国王的侄女朱迪斯（Judith），甚至在威廉流放了表亲格斯帕特里克之后被任命为新一任诺森布里亚伯爵。然而，除了与诺曼人之前的恩怨以外，沃尔特奥夫家族还与其他英格兰北部贵族处在无休止的血腥斗争中，他们的世仇纠葛多年，其中一个主要的死敌就是杀死了沃尔特奥夫的曾祖父勇敢者尤特雷德的家族。

尽管被赦免过一次，沃尔特奥夫仍然加入了另外两名诺曼贵族的政治阴谋，他们分别是布列塔尼的拉尔夫（Ralph the Breton）和威廉·菲茨索斯本，这二人反抗国王的理由是国王拒绝让他们娶中意的女人。根据奥德里克（Orderic）记载，沃尔特奥夫和他的两个盟友开始散布这样的信息："自命为王的人不配当国王，因为他其实是个私生子……他侵略美丽的英格兰本就不义，又更加不义地杀死了自己的合法继承人……没有人不恨他，他的死会带来巨大的欢乐。"这些话很可能就是事实。然而，这个阴谋还未实现即终结了，沃尔特奥夫被自己的妻子朱迪斯指控密谋叛乱，从而被判处死刑。

在临刑前进行最后的祷告时，他哭了出来，但刽子手却毫无耐心，直接砍下了他的头颅。据说，他的头在被砍下之后仍然念着"救我们脱离凶恶，阿门"。布列塔尼的拉尔夫也被拘捕入狱，威廉给他送去了一些礼物，愚蠢的拉尔夫烧掉了这些礼物，因此终生未能走出监狱。

维京人还进行过几次侵略的尝试，但都未能如之前一样留下辉煌的战绩。国王斯韦恩二世于1074年去世，他的儿子哈拉尔（即哈拉尔三世，1074～1080年在位）和克努特为争夺王位展开了斗争,最终克努特败北,他带着200艘战舰向英格兰进发。威廉很重视这一次进犯,命达拉谟和其他城堡严密防守,但最后丹麦人只攻打了约克大教堂,然后就逃回家去了。同时,当地人利用这次机会杀掉了一些诺曼人,奥多主教也趁机率领一支军队扰乱局面。

1085年,最终夺得了丹麦王位的克努特四世(1080~1086年在位)又组织了一支联军,再次试图推翻威廉的统治。他集结了一支舰队,却与自己的下属发生了争执,最后这支舰队擅自起航了,翌年,他被下属谋杀。不过,对于克努特来说这还不是结局,因为他最终被塑造成为一个圣徒,听起来让人十分难以置信,这很可能是因为他死后不久就发生了一次谷物歉收,于是被看成是上天因他的死而降下的惩罚。

无论怎样,克努特的威胁还是让国王做了些事情,他组织了全国范围内对私人财产的大彻查,形成了后世历史学家们无比感谢的资料集。此次调查是为了弄清楚每个臣民的财产状况,以便国王开征一种新的税收,为抵御丹麦人入侵做准备。官方称这次调查的档案为国王档案(King's Roll),或温切斯特书(Winchester Book),不过英格兰人将其称为《末日审判书》,形容接受调查的这天就如同接受上帝审判的日子,以这样的讽刺来抵抗诺曼入侵(不怎么成功的抵抗)。[9]这本档案记录了1086年进行调查时每个人所拥有的财产、这些财产的什么时候得到的,以及其在"国王爱德华生前和死后"所有者是谁,这本官方调查档案的制作速度之快,足以证明盎格鲁-撒克逊国家的执行效率有多么高,而且其覆盖范围之广,以至于最后一次使用它解决土地争端的时间延伸到了12世纪初。[10]

至于显贵者埃德加（Edgar the Atheling）[①]，他在1069年参与了一次起义，至少成了这次起义名义上的领袖，后来他逃到苏格兰，投奔自己的妹夫、苏格兰国王马尔科姆（Malcolm）。马尔科姆答应埃德加会帮助他夺回王位，但英格兰人并不欢迎他们，因为他们惧怕苏格兰人的程度比惧怕诺曼人差不了多少。

相反，威廉最终入侵了苏格兰，马尔科姆这才意识到埃德加的恐惧绝不是没来由的。此时的埃德加已经在欧洲大陆四处漫游，他得到了法兰克国王的许诺：如果埃德加进攻诺曼底，国王会给予帮助。但这次进军也失败了。最终，马尔科姆说服了自己的大舅哥与威廉讲和，在此之后埃德加似乎就失去了地位，成了个无足轻重的人，《末日审判书》上的记录显示，他的房产仅价值10磅银币。到了1086年，威廉准许埃德加带着200名骑士去往南意大利的阿普利亚，与那里的诺曼士兵一起战斗。

在清除了所有的对手之后，威廉开始着手解决另一项矛盾：面对越来越高的税收，人们的抵制愈发强烈起来。英格兰人对于征重税支持入侵自己国家的军队抱怨不已，而且威廉继续征收丹麦金这项古老的税收，它的过时程度犹如向现今的纳税人募资抵抗纳粹德国。[11]

[①] 也就是前面提到的埃德加·阿塞林，出生于匈牙利，他的父亲流亡者爱德华是英格兰国王埃德蒙二世（刚勇者）之子。埃德加是韦塞克斯王朝最后的男性成员。1066年，他被立为英格兰国王，但从未加冕。——译者注

欣欣向荣

另一个让诺曼人被视为野蛮民族的原因是他们的极端大男子主义，对女性的压迫和歧视非常严重。一些历史学家认为，盎格鲁-撒克逊时代的英格兰妇女享有更多的权利，甚至比维多利亚时代的女性权利更完善。在1066年之前，对性侵和强奸有严厉的惩罚措施，不管受害者是自由女性还是女奴；而遇到婚姻诈骗等情况，女性都可以提出解除婚姻的要求，并保有自己的全部财物。往上最早追溯到国王埃塞尔伯特时代的法律就有规定（公元600年后不久出台），女性可以解除婚约，带走一半财产。盎格鲁-撒克逊时代存留下来的30份遗嘱中，有三分之一的遗嘱是出自女性。诺曼人统治英格兰以前，女人不仅可以占有财产、掌管修道院，还可以成为"领主"（lord），字面意思就是"面包给予者"（loaf-giver），这个头衔在当时并不仅限于男性。丈夫需给予妻子一定的零钱用度，以保证她们的经济独立，这笔钱称为早安费（morgengifu）——意为"早晨的礼物"（morning gift），通常是新婚之夜后的早晨由丈夫给妻子的——条件是前一晚她与丈夫同床，这样一来，这笔钱会让她对整个婚姻感到更加开心和满意。

17~18世纪也还存在男女兼容的修道院，由女修道院院长主管，而不用听命于任何男性，这对后世的教会来说是难以置信的。从现存的文学材料中也可以推测出一些当时人们的性别观念。在一首盎格鲁-撒克逊时期的诗歌《创世纪B》（*Genesis B*）中，夏娃并不是男人堕落的根源，而是被魔鬼制造的美景幻想欺骗了。

历史学家们普遍认为，盎格鲁-撒克逊时期英格兰的女性生活状况要好于之后的数个世纪，而且和维京人一样，他们的观念相对于这个时代而言是非常先进的。不过，另一些人则争论，这种关于诺曼人的想象是一种原始的高尔夫俱乐部沙文主义①，并称诺曼王朝时期的女人仍能订立遗嘱、签署契约、拥有土地、提起诉讼，在法律面前为自己辩护。一些人提出，这些关于女性地位的描述都是虚构出来的，是19世纪的女性主义者和反法兰西主义者们构建的，因他们当时根本无法对现实有所改变，只好寄思于古代。

在这场征服之外，有一个女人做出了突出的贡献，那就是威廉的妻子玛蒂尔达。她经营了许多修道院，收取大量的租金和供奉，伦敦为她的牲畜和林地提供原料，诺维奇地区每年献给她一匹小马。[12]

不过，诺曼人毫无疑问在某些方面是非常先进的。在威廉统治期间，死刑被取消，因为诺曼人不赞成这种刑罚，尽管他的儿子后来又恢复了它。违法犯罪的人通常被施以阉割或致盲的刑罚，这在某种程度上算是一种进步。[致盲是圣经中有重大意义的一项惩罚，在某种程度上国王是个非常虔诚的人，他非常执着于发下与眼睛有关的誓言，据说他还创造了这个短语："你是瞎了吗"（damn your eyes）。]

诺曼征服也对骑士精神影响深远，诺曼的士兵准则在14世纪

---

① 许多高尔夫俱乐部只接纳男性会员，不接受女性，被视为性别歧视的一大领地。——译者注

的英格兰达到了制高点,贵族囚犯在盎格鲁-撒克逊时期是会被判罚斩首之刑的,但诺曼的法则并不允许杀害或虐待他们。[13]在沃尔特奥夫之后,直到14世纪,英格兰的贵族没有一个被砍头的案例。骑士精神还包括对待女性的态度,不过,我们如今关于骑士精神的想象多半是后世的浪漫附会,来自绅士风范深入人心的维多利亚时代。在中世纪,随着时间的推移,女人和孩子在战争时期越来越显得无足轻重。

尽管威廉在位期间英格兰的农奴数量增加了,但他也的确在教会的压力下逐步废弃了奴隶制,这两种制度之间有巨大的差别。农奴尽管也没有人身自由,但比起奴隶而言,他们不会被无缘无故地杀死,而且由于他们被束缚在土地上,使得他们不会被迫与自己的家人分离。从奴隶制到农奴制的过渡,是历史的一大进步。

诺曼王朝的制度还有其他一些可取之处,比如给英格兰教会带来了大陆方面的影响。在威廉和意大利修道院院长兰弗朗克成为永久的朋友之后,威廉邀请他到英格兰代替斯蒂甘德出任坎特伯雷大主教,尽管兰弗朗克自己其实非常不情愿。他是那个时代最有智慧的人之一,同时也是最谦虚的人之一。他曾在诺曼底的贝克修道院(Bec Abbey)当了20年院长,得到了无数人的尊敬,尽管如此,他却拒绝了很多高阶职位的邀请,因为他就想待在修道院里。他要么是太圣洁,要么就是懒得去其他地方。教皇尼古拉斯二世和亚历山大二世都为他提供了一份教廷内的职位,他都拒绝了。1067年又拒绝了出任鲁昂大主教,这也是一份令人艳羡的工作。但威廉给出的邀请却使他无法拒绝。在诺曼人的统治下,英格兰修道院数量大幅增加，威廉入主时这里的修道院数量才不过与大学和生产业的数量差不多，但从1066年的60所增加到了1154年的250~300所。[14]尤其是西多会（Abbey of Citeaux）的白衣修士，被称为西多会修士，后来成为北部著名的牧羊者，由此也变得非常富有。[15]

从现存的所有记录来看，兰弗朗克非常讨厌在英格兰的生活，他抱怨道："我一直在听到、看到和体验到各种人群的巨大不安，如此的压抑和伤痛，如此冷酷的人心，到处都是贪婪和欺骗，神圣的教会不断发生问题，让我对生活感到厌倦。"在担任英格兰教会首脑后不久，他不得不写信给教皇，陈述自己不足以担此重任，试图离开英格兰。但教皇拒绝了他的请求。

诺曼社会的制度还有其他一些优点。诺曼征服使得英格兰政府的中央权力加强了，尽管关于这一点还有争议，但英格兰的确没有建立德国和法兰克那样的政府结构，而这两国都出现了长期的内战和专制期。不过，地理因素也许影响了历史走向，使得不论如何都会出现如此的现象。[16]

诺曼人还建造了许多宏伟的建筑：温切斯特教堂是西欧最长的教堂，伦敦塔是最大的城堡群主楼，威斯敏斯特中央大厅是最大的世俗活动场所。坎特伯雷的基督教堂修道院可能比金字塔用到的凿制石头还多。[17]诺曼人将罗马风格的石头建筑带到了英格兰，在这之前，英格兰的房屋大都是木制的。不过另一方面，很多诺曼建筑都倒塌了——由于修建非常仓促，温切斯特、伊利（Ely）、伊夫舍姆（Evesham）、圣埃德蒙兹伯里（Bury St. Edmunds）

和奇切斯特（Chichester）的教堂都很快便坍塌了，而诺曼人同时又推倒了很多盎格鲁-撒克逊人的教堂。

还有许多美丽的小教堂和1066年的这次血腥屠杀直接相关联，教会命令所有诺曼人都需要为他们杀死的每一个人赎一年的罪，如果他们不清楚自己究竟杀了多少人，那就修一座教堂来赎罪。

在11世纪晚期及其以后，英格兰的经济欣欣向荣，城堡的修建提供了工作岗位，也为形成新的贸易中心提供了场所。1066年以后，许多英格兰城镇得到扩张，出口到佛兰德的羊毛数量激增，与南欧的交易量也大大增长，在纽卡斯尔（Newcastle）、赫尔（Hull）、波士顿和朴茨茅斯（Portsmouth）形成了新的聚居地。[18]不过，也许无论如何这些变化都会发生，因为那时的欧洲正进入一场复兴，这场复兴会持续到14世纪，直到爆发夺去了半数人口的饥荒和鼠疫。

1066

第11章
王位争夺

The Battle of Hastings, Anglo-Saxon and Norman England

征服者之死

  如果说对英格兰人而言还有一点什么能算作安慰的话,那无疑就是威廉的生活越来越糟糕了,他几乎与所有人都发生了争执,包括他的妻子、兄弟和孩子们。在他死后,他的三个存活下来的儿子互相残杀,直到其中一个在一次神秘的狩猎中意外死去,另一个被囚禁长达30年,这场王位争夺才告结束,而他的孙子们又陷入了新一轮的夺位大战中,互相对抗了20年。威廉和他最年长的儿子罗贝尔·柯索斯[Robert Curthose,父亲给他起的绰号叫"粗腿"(Fat legs)或"短裤子"(shorty-pants)]互相仇视。1078年的圣诞节,罗贝尔计划亲自对抗自己的父亲,不是指仅仅说一句"我真希望自己从未出生过"这么简单,而是如字面意思,即在战场上与父亲为敌。说来也巧,威廉被自己军中的一个英格兰士兵救了,这名士兵叫托基(Toki),他的父亲威格特(Wigot)是在威廉征服时战死的。[1]

  罗贝尔遗传了母亲的小个子,尽管他的母亲很疼他,但父子之间却并不和睦。这位长子一点也不肖父，他和蔼可亲，慷慨到不计后果的程度，同时也是个典型的被宠坏了的王子，正如中世纪普遍可见的一样。一位历史学家评价道：罗贝尔"可能是性格缺陷最为严重的，他生活放纵，毫无追求"。[2] 身边围绕着一群大腹便便的贵族，整天用"满篇的阿谀之辞"讨好他，他的宅邸是出了名的乌烟瘴气。他除了等自己的父亲去世之外，似乎就没什么事情可做了。当他问父亲讨要土地时，年迈的威廉嘲笑了他，罗贝尔气冲冲地离开了，扬言一定会报复。

万万没想到，父子之间的这次矛盾竟然是因为一个真实的玩笑引爆的。1077年末的一天，罗贝尔的弟弟威廉和亨利去他的宅邸，他正在那里与他的侍妾们宴饮。这二人就去楼上的包厢里玩骰子游戏，嬉笑玩乐，过了一会儿，他们决定搞个恶作剧，将装满臭水和尿液的夜壶砸向楼下的罗贝尔和参加宴会的人。（诺曼人可没有什么特别成熟的幽默感。）罗贝尔顿感自己颜面扫地，认为父亲必须应该站在他这边。26岁的罗贝尔在暴怒中离开之后，开始着手围攻鲁昂城堡。

据称，在1078年的战争中，父子俩的矛盾激化到了顶点，他们全副武装地短兵相接，相互都不知道对方是谁，直到最后罗贝尔才认出自己的父亲，并放走了他。这个故事简直太完美了，以至于它不可能是真的。但我们对这场战争的结果知道的并不多，因为《编年史》中关于罗贝尔叛乱的部分已经被抹除了，推测起来可能是因为它反映了国王不佳的一面。

不仅如此，国王还发现皇后玛蒂尔达私下与罗贝尔有所往来，并秘密给这个成年的儿子送钱，他觉得自己遭遇了狠心的背叛，在这以后，夫妻二人原本牢固的感情再也没有恢复如初。后来威廉抓住了玛蒂尔达的信使萨姆森（Samson），囚禁并施以剜目之刑，这让他们的婚姻更加岌岌可危了。

最后，威廉还与自己的弟弟奥多也陷入了争执，奥多在1082年被逮捕入狱，理由非常离奇诡异。奥多曾向罗马城的市民们散布钱财，以讨好这里的市民，还曾试图从英格兰招募骑士来攻打这座宗教之都，这真是个听起来就让人觉得疯狂的计划。在未经国王首肯的情况下召集骑士，本就是一项叛国的罪行，而妄图以军事手段推翻教皇更是绝对的禁忌，即使在那时也是如此。据说奥多之所以会有这样的想法，是因为一位先知告诉他，下一位教皇的名字叫奥多，这个理由听起来实在是太愚蠢了。威廉也听说了奥多曾被人问起，是否曾经有主教是英格兰国王的事情。

奥多其实并不算是个很好的选择，但威廉的另一个同父异母兄弟更不堪用，莫泰恩的罗贝尔被形容为"头脑迟钝、反应缓慢"，而奥多主教最为出名的地方就在于对钱财的搜刮，和对待反叛者的残酷无情，"全国各地的英格兰人都惧怕他"。1075年，奥多领导一支军队讨伐沃尔特奥夫和布列塔尼的拉尔夫，1080年又出征达拉谟，因为当地人谋杀了一位主教。现在，威廉将奥多投入监狱，对这个曾经帮助自己攫取了大量财富的人已是恨之入骨。

次年，威廉的妻子去世了，最后一个能够制约他的人也离开了——不过，他自己的日子也所剩无几了。而且对这个年纪渐长的战士而言，局势更加艰难了些，因为法兰克的新国王菲利普一世愈发专断独裁,并且对威廉产生了忌惮,毕竟自己的一个属臣现在已经拥有了整个王国。

1087年对英格兰而言是非常恐怖的一年。《编年史》中记载到,这一年是"这片土地上极其难熬的一年,瘟疫肆虐","这种病一旦降临到某个人的身上,那几乎所有周边的人都会染上这种最可怕的病"。《编年史》这本史书,即使在最好的年头也从不用欢欣鼓舞的笔调书写,现在就更加悲观了,哀叹着"成百上千的百姓死于饥荒,他们多么地痛苦而无助"。

国王受到的敌视比以前更多了,尽管大部分时间他都在法兰克作战。夏末,他到了一直以来备受争议的维克森地区(Vexin),包围了芒特镇(Mantes)并发起了火攻。威廉那时已经59岁,体重严重超标,成了个大胖子,当时已经有广泛流传的各种笑话,嘲讽他的身材如同怀孕了一样。而最近的这一次冲突起于菲利普一世入侵维克森地区,威廉派出信使要求他撤退,菲利普回复道:"那胖子什么时候生小孩?"威廉曾因胃部不适而一度无法起床,很可能是肥胖引起的,但当他在做完弥撒之后听说了这个玩笑时,他回复说:"我会为他点上十万根蜡烛。"也就是说——他要火烧巴黎。

这时的威廉已经太老也太胖了,做不成这样的事情。在围攻芒特镇时,他的坐骑怪异地跳了起来,一说是马儿受到了火焰的惊吓,马鞍刺入了威廉的肚子,他的胃部遭遇感染,在痛苦中挣扎了5~6周,终未能好转,死于自己最喜欢的事情——烧毁城市、屠杀百姓。《编年史》中记录到,威廉毁掉了"这座城市中所有的圣教堂",还将"侍奉上帝的两个圣徒"活活烧死,结果在这之后,他自己也去世了。书中在描述威廉不久就死去的情节时,几乎毫不掩饰愉悦的语气,"这个曾经强大的国王,坐拥广袤的土地,如今也不过只有七尺黄土"。

其实,就连威廉自己也为曾经犯下的杀戮和暴虐而感到后悔,他在临终前反思自己的遗产:"我出兵征服英格兰北部各郡时,如同一头愤怒的狮子,是我让那里的人民陷入极大的灾难,给他们造成了巨大的饥荒,我成了野蛮的杀人犯,这个善良的民族,无数老幼因我而死。我毫无理由地迫害这里的原住民,不论是贵族还是平民,都遭到了我的残酷镇压,我还不义地剥夺了很多人的继承权。"[3]

在他病榻前服侍的是他的儿子威廉·鲁弗斯(William Rufus)和亨利·伯克莱尔(Henry Beauclerc)。罗贝尔·柯索斯选择继续待在巴黎,与法兰克国王为伴,最终退出了王位争夺。[4]不过,早在1063年,威廉就曾让诺曼底的主要贵族都对罗贝尔宣誓效忠过,因此他现在也无法剥夺罗贝尔的继承权,罗贝尔最终成为公爵。在提到英格兰时,威廉总结说:"我为了取得这个国家的王位,犯下了诸多罪行,以至于我不敢把它留给任何人,只好交给上帝。"不过威廉又补充说,如果上帝允许鲁弗斯戴上英格兰王冠,他会非常开心。

威廉还请求以他的名义大赦天下,除了奥多,关于奥多他说道:"我关押的不是一个主教,而是一位暴君。如果他被释放了,那么毫无疑问,他将搅乱整个国家的安宁,造成千万人伤亡。"威廉最终还是在他人的说服下释放了自己这个阴险的弟弟，但事实证明，威廉的预言是完全正确的。

命运不幸的乌尔夫诺斯是哈罗德最年幼的弟弟，他那时也得到赦免而获得自由，但紧接着就又被鲁弗斯抓了起来，再次入狱。

征服者威廉将他的国土分封给了自己的儿子和贵族，而他自己的领地，都被他人以极其不光彩的方式劫掠一空："仆人们眼睁睁地看着自己的主人撒手人寰，他们抓起武器，那些古朴的银盘、华丽的衣物、王室专用的家具，都被他们收入囊中。国王的尸体几乎赤裸裸地躺在地板上，无人理睬。"

随后，国王的尸体被运往卡昂（Caen）的圣埃蒂安教堂（Abbey of St. Etienne）下葬，但一位名为阿塞林·菲茨阿瑟（Ascelin Fitzarthur）的"庄稼汉"却声称这是他的土地，不允许安葬的仪式继续进行，直到亨利付给他钱。接着，在葬礼上，由于威廉的尸体实在太胖了，以至于为他抬葬的人承受不住而摔倒，尸体滚到了教堂地板上，发出浓烈的恶臭，所有在场的人都赶紧逃开了。

如果要总结一下威廉在英格兰的统治，那么除了说这是一场全面的灾难，也没有别的什么好说了。尽管一位编年史家不太情愿地承认，"不能忘记他给这片土地带来的和平，使得一个有钱人能够安全地在王国旅行"。不过那时，在英格兰北部的大部分地区，已经不剩什么人还有能力犯罪了。

红脸威廉

威廉·鲁弗斯很快从诺曼底来到了威斯敏斯特，赶在罗贝尔谋杀自己之前取得了王位。同时，威廉和玛蒂尔达最小的儿子、当时才9岁或10岁的亨利得到了5000磅银币，比起整个国家来说，这笔财富实在不算多。亨利太信任自己的父亲了，以至于他坐在鲁弗斯面前清点这笔钱财，直到满意地数清全额。

威廉二世（1087～1100年在位）绰号"红脸威廉"，是因为他有一头红色的头发，脸庞也因为常年酗酒而泛红，这与他虔诚的父亲形成了鲜明的对比。但同时他也是个"爱吵闹、无所忌惮的"战士，毫无贵族应有的体面和风度，也没有一点受教育后应有的品味，更别说传统的宗教虔诚之心和道德品行了——根据评论家的观点，他简直沾染着各种恶习。[5]

据说，小威廉"几乎受到所有臣民的憎恶，也为上帝所不喜"。不过，这是一位神父的观点，新国王犯下的一个错误，就是疏远了神职人员，而大部分的史书都是由他们书写的。威廉二世在他们笔下成了许多罪行的指控对象，其中包括控诉他沉迷于魔鬼崇拜。也有教会人员抱怨道，如今威廉二世的宫廷里充满了"女人和寄生虫"，不像他父亲在位的时候，身边都是些铁血硬汉。

异瞳的鲁弗斯有些口吃（可能是他的父亲经常咆哮造成的），而且跟他的哥哥罗贝尔一样蠢笨，还因为留胡须和长发（盎格鲁-诺曼贵族从英格兰人那里学来的新风尚）而遭到指责。一位名为奥德里克的编年史家这样描写鲁弗斯："威廉二世已经被犯下的罪行染黑了,他给他的臣民树立了一个坏榜样。"

威廉二世的行为进一步激怒了神职人员,在当时引起了教会的极大不满。当一位贵族责备国王攫取了教会的所有钱财时,国王只是回应:"跟你有什么关系呢?"当一位僧侣告诉鲁弗斯,自己在梦里预见了他的死亡,国王只是耸耸肩,不予理睬。

最糟糕的是,威廉二世还获得了一个名声,就是他想尽办法从一切可能的渠道勒索钱财,他的手下也纷纷效仿。其中最有名的是拉努尔弗·福拉巴德(Ranulf Flambard),他的绰号"flambard"意为"煽动者",因为他极其露骨地诱骗许多人掏出他们所能给出的所有财富:"他将富者剥皮,穷者碾碎,把他们的遗产都扫进自己囊中。"[6]威廉二世的另一个手段是给主教们放长假,以便自己宠爱的臣子能够在此期间使用教会的财富。他还使很多教职空置,这样就能够放肆地花销教会的收入。

威廉·鲁弗斯还沉溺于暴食。1093年,他差点因暴食而去世。当他觉得自己死期将至的时候,曾对教会保证将会努力做一个好的基督徒,做任何教会要求的事情,但不久之后他就背弃了自己许下的这些诺言。

在大主教兰弗朗克于1089年去世以后,国王让这个职位空悬了四年之久,最终才邀请诺曼底贝克修道院院长安塞姆(Anselm)出任此职。安塞姆拒绝了这份邀请,国王再次请求,并要求自己宫廷中的所有人都在主教面前屈膝下拜,然而安塞姆仍旧拒绝了。于是国王的侍臣们按住安塞姆的头,往他手里塞手杖,当他拒绝的时候就掰开他的手指,一边大声叫唤着"主教万岁"。安塞姆被抬到最近的教堂,被迫举行就职礼,但他本人仍在坚持反抗。

不过,这样的关系并没有维持太久,仅仅4年之后,威廉就流放了安塞姆。二人在一系列与教会相关的问题上意见都不能统一,在此期间国王曾这样评说过他和主教的关系:"昨天我对他怀着巨大的恨意,今天我恨他更甚于昨日,而他也能够确信,在明天以及之后的日子里,我对他的怨恨只会更加激烈和深重。至于他所做的那些祷告和祈福,我都只想吐到他脸上去。"[7]

正如威廉所预料的那样,没过几个星期,奥多主教就开始密谋生事,策划了一场反抗鲁弗斯的起义,他得到了罗贝尔的支持,后者是英格兰王位的另一个争夺者。然而,这次起义并没有让他们投入全力,而且只有两位贵族参与其中,分别是布洛涅的另一位尤斯塔斯和贝莱姆的恶棍罗贝尔。这个贝莱姆就是那个曾经勒死妻子、烧毁教堂的主教贝莱姆之孙,即使以当时的标准而言,他也是个不折不扣的恶人,被描述为"贪婪而残忍,绝不能得到宽恕,他的邪恶无人能比"。他将自己的妻子拘禁在地牢里,一位历史学家描述道:"这个社会到处都是嗜血成瘾的恶魔,但贝莱姆的罗贝尔仍能脱颖而出,就是因为他更加残暴恶毒。他如魔鬼般阴险狡诈而又贪得无厌,他对于残忍的爱好完全是为了残忍本身。他是个中世纪的虐待狂,他那天赋一般的施虐手段让同时代的所有人都闻风丧胆。"[8]以他为原型产生了中世纪的民间故事《魔鬼罗贝尔》(*Robert the Devil*),讲述的是一位贵族发现自己的父亲被撒旦附身的故事,这个故事后来被改编为戏剧。就连征服者威廉也相当不信任他,甚至给自己的城堡加强了驻防,这是非常不同寻常的举措了。

此时,威廉二世受到了又一次来自诺曼底的入侵威胁,他只好向英格兰的臣民保证,如果他们愿意为他战斗,对抗自己兄弟的入侵,就会为他们提供更加公平的法律。他可没打算真的履行这些诺言,《编年史》中说:"他向民众保证,将会给他们这片土地上最好的法律,停止征收一切不公正的税收,将砍伐权和狩猎权都归还给他们——但这样的诺言显然无法持续太久。"[9]

事实上,当鲁弗斯在1094年打算进攻诺曼底时,很多英格兰士兵都带着10先令去参加招募,这笔钱是他们换取补给的费用(由这个地区的所有纳税人共同筹集)。鲁弗斯收走了士兵们的钱,并送他们回了家,[10]如同一次原始的诈骗。兰弗朗克有一次曾责备威廉总是在撒谎,威廉回复说:"谁能保证自己永远守诺呢?"

狩猎事故

英格兰本来面临着又一场手足相残的内战,不过幸运的是,发生在远方的一件大事拯救了这个国家。1095年,教皇乌尔班二世(Urban II)倡导进行一次十字军运动,为基督教世界赢回圣地。事情的缘由是拜占庭帝国皇帝在一系列战争中输给了塞尔柱帝国,只好请求西方基督教力量的帮助,尽管很快希腊人就会后悔自己邀请拉丁基督徒到东方的决定。

罗贝尔也志愿参加了十字军东征,为了募集资金,他将诺曼底租借给了弟弟威廉二世，还用搜刮地主和压榨教会的方式来筹钱。许多贵族都参加了这次远征，其中不仅有罗贝尔，还有埃德加·阿塞林，以及布洛瓦的斯蒂芬（Stephen of Blois），他是威廉一世的女婿，脾气非常温和，他娶的是以意志坚强和固执己见而闻名的公主阿德拉（Adela）。同去的还有布洛涅的尤斯塔斯之子戈德弗雷和鲍德温（Baldwin），以及基督徒的道德典范奥多，他最终没能回来，在意大利就去世了。

1098年1月，他们在安条克城外陷入了粮食短缺的困境。布洛瓦的斯蒂芬给妻子写信，告诉她这里是个糟糕的地方，"整个冬天我们都在忍受极度的严寒，以及绵绵不断的降雨"。斯蒂芬受够了这一切，他选择回家，但他的妻子最终强迫他回到了前线，不厌其烦地用"这样的说辞和更多的理由"劝服他。[11]这一次他死在了那里，不过就此事而言，死亡对他来说可能是一种解脱。

不过，尽管过程如此可怕，这次的十字军东征却与后来几次不同，至少这一次是非常成功的。1099年他们攻陷了耶路撒冷，为之后几个世纪的历史定下了基调。1099年，尤斯塔斯的儿子、布洛涅的戈德弗雷成为圣墓的守护者，次年他的弟弟鲍德温又接任了这个圣职，并加冕成为耶路撒冷国王。与这个头衔相比，"英格兰国王"似乎也成了很普通的王位了。

耶路撒冷被攻下之后，罗贝尔就急切地想要回去，以免自己的弟弟永远占有诺曼底。而与此同时，威廉自己的日子也不好过，并且事情更加棘手了，几乎已经到了最为糟糕的地步。1100年8月，威廉在新森林地区狩猎，他的队伍中有个名为瓦尔特·提瑞尔(Walter Tirel)的人,突然朝他射了一箭,国王试图自己将箭头从身体里拔出来,反而使得情况恶化了。幸运的是,他忠诚的弟弟亨利就在附近,这个好弟弟秘密将凶手送往法兰克并予以释放,同时自己迅速前往温切斯特登上了王位。亨利只用了不到三天的时间,就完成了王位的继承,即为亨利一世(1068~1135年在位)。当时他带着一支全副武装的随侍人员出现在温切斯特,建议这里的教士们选择自己作为国王。

另一件诡异的事情就是,提瑞尔错将鲁弗斯错认成了一头鹿,就算当时阳光非常刺眼,但他可是当时欧洲大陆公认的最好射手。更奇怪的是,亨利正巧就在附近,与提瑞尔的姐夫在一起,后来提瑞尔和他的姐夫两人都得到了封赏的土地。关于威廉二世在这样一场离奇的狩猎"事故"中死去的事实,一直以来都存在着一些疑点。不过狩猎的确是一项危险的活动,不加引号的事故在那时也的确经常发生——征服者威廉的次子理查德就是在1070年于几乎同一片林子中死去的,那时候关于此事几乎没有任何阴谋论的猜测。[12]但就威廉二世的死而言,如果不是一次人为事故,那么对亨利来说就是天降鸿运了,因为那时罗贝尔还在从圣地回程的路上。这位最年长的大哥在离开的时候还一文不名,现在不仅带着赢得耶路撒冷的胜利荣光归来,还在归途中收获了一个美丽而富有的妻子。

去世的国王威廉二世最终被安葬在了温切斯特大教堂,这座教堂在第二年就倒塌了。很多人相信这是天意,尽管马姆斯伯里的威廉坦白承认:"这座建筑的质量太低劣了。"

威廉二世并不算是位成功的国王，但他的确留下了一项伟大的遗产，那就是威斯敏斯特大厅，他特意修建这所大厅就是为了与自己的大理石王座相匹配。当大厅建成时他说："它真是挺大的，足够做我的一个卧室了。"大厅至今仍然存世，是威斯敏斯特宫殿现存的建筑中最古老的部分，2002年伊丽莎白王太后去世之后，她的遗体就曾被安置在这里供人吊唁，而后才下葬。

1066

第12章
十九个漫漫长冬

The Battle of Hastings, Anglo-Saxon and Norman England

白船醉沉

  一位历史学家曾这样评价国王亨利一世:"从道德角度来看,亨利一世可能是英格兰国王里最糟糕的一个。"[1]他的贪婪、残忍像是个无底洞,但他又十分聪明,得到了教会的支持。亨利一世体格结实,长着一头黑发,"常常凝视他人,然而不幸的是他有打呼噜的毛病"。他在漫长的统治期间,与多达8个情妇生了22～25个私生子,是目前为止英国王室中的第一人。[2]不过,至少教会不会认为他在这方面有其他问题。尽管无论从哪个标准来看,亨利一世都不是一位好丈夫,然而他的史官及拥趸——马姆斯伯里的威廉——却认为:"根据我从知情人士、为他生儿育女或是他的情妇那里听到的消息,他这一生并没有沉溺于美色。"

  在加冕后不久,他迎娶了苏格兰国王马尔科姆三世与埃德加·阿塞林的妹妹玛格丽特(Margaret)所生的女儿伊迪斯。这使得亨利一世得以维持与苏格兰的和平,并且更加名正言顺地统治英格兰。[3]由于诺曼人拒绝接受英格兰姓名,亨利一世不得不把妻子的名字改为玛蒂尔达。然而诺曼贵族仍然认为亨利一世过于英格兰化了，后来他们嘲讽地将国王和王后称为"戈德里克和戈黛娃"（Godric and Godiva），把亨利一世称为"英格兰人的国王"。亨利一世出生于约克郡，会说英语，他是唯一一个广受欢迎的诺曼国王，原因有很多，不过至少是因为他对传统习惯的吸纳，比如"根据忏悔者爱德华制定的法律"重建郡县和地方法庭。但是这都是做戏，因为"需要获得英格兰人支持的时候，这么做可以让英格兰人满意，然而实际上亨利一世十分厌恶他们"。[4]

和征服者威廉一世一样，亨利一世也因贪婪而著名，而且时刻认为有人正在策划阴谋以推翻他的统治，这种想法让他在统治期间采取了各项改革措施。他想让国家更高效地运行，因此命令各地的治安官每年两次上缴该郡的税收，然后他会亲自数这些钱（根据盎格鲁-撒克逊时期的市价，一磅银币相当于240枚银便士的重量）。这些钱都放在一张铺着花格布的大桌子上，称之为"棋桌"（exchequer）。后来，政府的财政部门被称为财政署（the exchequer），现今仍然存在[①]。如今，英国财政部门的首脑也叫财政大臣（Chancellor of the Exchequer）。（亨利一世还建立了英国第一座动物园，地点就在牛津郡的伍德斯托克附近。）

除了贪婪，残暴不仁也是亨利一世的典型性格。1124年的时候，因为硬币的分量都不足，亨利一世替换了所有硬币。这之后，他把全国制币工匠都叫到他面前，然后惩罚了其中一半的人，把

[①] 1834年财政改革后，财政署在英格兰的作用已经大大降低了，很多原先属于财政署的功能被分配给了其他部门。——译者注

他们的右手砍了下来。⁵这种维护法律和秩序的严肃行为让亨利一世获得了"正义之狮"的绰号,而这种彻底的残忍得到了大多数人的欢迎。《盎格鲁-撒克逊编年史》中评价道:"在亨利一世统治期间,无人敢为非作歹,他给人民和野兽都带来了和平。"

亨利一世身后一直有主教的支持,然而他只是表现得很虔诚。他装腔作势地承诺会尊重教会,然而和他的哥哥一样,他也让很多教职空悬,以便从中获利。但他没有干涉教会财务。他任命索尔兹伯里的罗杰(Roger of Salisbury)为大主教,因为其做弥撒所用的时间最短,他还想让自己的医生当坎特伯雷大主教,尽管被主教们拦了下来,因他们认为这样一个人无法担此重任。在亨利一世统治期间,影响最为深远的宗教贡献是他的骑士华西亚(Rahere)做出的。华西亚在去罗马朝圣的途中得了疟疾,他承诺如果自己能够痊愈,就在伦敦建一家医院。他履行了自己的诺言,而伦敦市中心的圣巴多罗买医院(St. Bartholomew's Hospital)也成了伦敦最古老的医院。华西亚还是个热情洋溢的小丑,他除了经常帮助病人,还常常在病人住院时,当面给他们表演杂耍。

与兄长们不同,亨利一世的受教育水平很高。他有个绰号叫"beauclerc",意思是"儒雅的学者"。他曾经说,一个没有文化的国王不比一头戴王冠的驴强到哪去。然而教育并没有让他变得更好,从很多方面来看,他都是威廉家族里最独特的国王。1090年,亨利曾和兄长罗贝尔联合抗击反对威廉的诺曼叛军。在和柯南·皮拉图斯(Conan Pilatus)争斗时,亨利不顾他的求饶,把他从城堡的窗户扔了出去。当一个叛乱骑士将亨利的私生女扣为人质时,亨利下令挖掉了自己两个外孙女的眼睛。为此，她们的母亲茱莉亚娜·德·方德霍（Juliana de Fontevrault）后来试图用十字弓刺杀亨利一世。他还曾下令挖掉一位诺曼吟游诗人的眼睛，因为这个吟游诗人唱了讽刺他的歌。和他相比，他的哥哥罗贝尔就像是一个无害的上流阶层的小丑。

1101年，短袜罗贝尔从宗教职务中回归世俗并准备入侵英格兰。他本来有可能胜利，却愚蠢地同意了和谈。根据他们的协议，亨利一世让罗贝尔成为英格兰的王位继承人，还将给他一笔补助金，条件是他撤回到大陆。但是在1105年的4月，亨利一世入侵诺曼底，并焚毁了巴约大教堂。次年9月28日，在诺曼人登陆英格兰的40年后，一支盎格鲁-撒克逊军队在亨利一世的带领下打败了诺曼人并活捉了罗贝尔。

征服者威廉的大儿子被关在加的夫（Cardiff）的监狱里长达28年，一直活到了80岁，在这漫长的岁月里，他无聊到学会了威尔士语。但他留下了一个儿子——威廉·克利托（William Clito）。1119年，克利托参军，和法兰克国王胖子路易（即路易六世，1108~1137年在位）一起去驱逐亨利一世。亨利一世又焚毁了埃夫勒（Evreux）的一座教堂来排除异己，延续了其一贯的残忍，尽管这次他得到了主教的同意并承诺过后重建这座教堂。克利托直接面对的对手是他的堂兄弟——亨利一世的儿子威廉·阿德莱林（William 'Adeling'）。他们的岁数相当，一个17岁，一个16岁，而且他们的名字都是"王储"的意思，一个是拉丁语，一个是英语。1119年8月，他们在布雷缪（Brémule）交战，亨利一世这一方获得了胜利，而克利托和胖子路易一起败逃了——从路易的绰号就能看出来他不是世界上最好的战士。第二天，亨利一世返还了路易六世的战马和马饰，阿德莱林也送回了克利托的战马，还"给这位战败的堂亲送去了一些精挑细选的贵重礼物，以一种带着骑士风格的谦虚、却又是十足的审判者的姿态"。[6]一年后，路易六世承认了亨利一世及其子为诺曼底的统治者。在此次胜利之后，亨利一世的追随者们于11月聚集在巴尔夫勒（Barfleur）的港口准备返回英格兰。他们都十分欢欣鼓舞。

国王的船只首先驶离，而阿德莱林搭乘的是随后出发的"白船"（White Ship）——在当时集最先进工艺与奢华于一身的船只，白船的船长正是1066年把征服者威廉带回来的那位船长的儿子。船上还有200名士气高昂的诺曼年轻人，包括亨利一世最喜欢的私生子林肯的理查德（Richard of Lincoln）以及另一个私生女玛蒂尔达①。在出发前，船上的乘客和船员喝光了"三桶酒"，共计775升，简直令人震惊[7]——平均每人喝了4瓶。亨利一世最喜欢的外甥斯蒂芬也在船上，但是因为肠胃不适没有喝酒。船员的状况引起了他的警觉，因此在出发前他又下了船。

水手们都酩酊大醉，胆子也愈发大起来，他们都自然而然地觉得应该追上前面国王的船。然而，最终这艘船撞上了礁石，成为数千艘沉没在英吉利海峡的船只之一，船上的人也大多丧生。

---

① 玛蒂尔达·菲茨罗伊（Matilda FitzRoy），1103年成为佩尔什伯爵罗特鲁三世（Rotrou III）的第二任妻子。罗特鲁是亨利一世在英格兰的直属封臣，婚后曾赐予他许多房产和财富，还将威尔特郡的土地赐予女儿作为嫁妆。——译者注

这些落水的年轻人离岸边很近，岸上的人们能听到他们的尖叫声，却错把尖叫声当成了嬉闹声，结果这些落水者只能悲惨死去。威廉·阿德莱林本来已经上了救生船，但他又折返回去救同父异母的姐姐，结果救生船倾覆了，他们双双葬身大海。

一个小时以后，只有屠夫贝洛尔德（Berold）和贵族若弗鲁瓦·菲兹吉尔伯特（Geoffrey Fitzgilbert）抓住了一个木筏。到了晚上，这名贵族也沉入了水底。屠夫幸存了下来，因为他身上粗糙的羊皮衣"不像丝绸和毛皮会浸满水，让贵族们坠入海底"。第二天，一名渔夫救了他。

第二天早晨，岸边的人们没有看到白船的信息，焦虑蔓延开来。当尸体被冲上岸时，人们意识到最恐怖的事情发生了。随着消息传回王城，整个宫廷都沉浸在了悲痛中。几乎每个人都失去了一名挚爱。但直到数个小时之后，人们才选了一名低等随侍去告诉国王这个噩耗。国王不得不独自到一个房间里，因为不想让臣子们看到他哭泣的样子。他余生都生活在悲痛之中。

后来，亨利一世一如既往地吝啬，他把儿子的遗孀安茹的玛蒂尔达（Matilda of Anjou）送回到她的父亲安茹伯爵那里，却留下了嫁妆。

1135年，亨利一世去世。据推测，他的死因是食用了过多的七鳃鳗——七鳃鳗是鳗鱼的一种，通过咬破猎物的肚子，吸食内脏来杀死猎物。在当时，这种鱼被视为珍馐。亨利一世流着黑色血液的尸体被运到了雷丁修道院——这座修道院是亨利一世为了纪念其子而修建的。国王的遗体整容师是个新手，后因为吸入过多尸臭而亡。如亨廷顿的亨利所说:"这个遗体整容师是亨利一世杀死的最后一个人。"此后,征服者威廉的孙子们延续了家族传统,花了20年的时间来内斗。一名僧侣这样写道:"没有哪个国家经历过比这更大的灾难。"

沉船之战

像白船事件这样的灾难在盎格鲁-撒克逊王国实在太常见了,在12世纪中期,死于溺水的朝臣数量要远多于为国王战死的。[8] 但只有这一次的事故引发了内战,这次内战特称为"沉船之战"(Shipwreck)或"混乱时期"(Anarchy)。此时亨利一世仅存的一个孩子是另一个玛蒂尔达,她缺少中世纪国王最重要的一个条件——男性身份。不论法兰克人、英格兰人还是诺曼人,都从未有过女统治者的先例,他们也不准备接受这个创新。然而,当亨利让贵族们向自己的女儿宣誓效忠时,却有一群人争先恐后地表达对玛蒂尔达的支持。先是苏格兰国王大卫站到了她身后,然后是国王的私生子格洛斯特的罗贝尔(Robert of Gloucester),与国王的外甥布洛瓦的斯蒂芬竞争第二个支持者的席位。斯蒂芬赢得了胜利,但当老国王去世之后,大部分人都违背了自己当初的誓言。

玛蒂尔达一生大部分时间都在欧洲大陆生活。11岁时她就已经被许配给德意志国王和神圣罗马帝国皇帝海因里希五世(Heinrich V),当时这位皇帝已经32岁了。玛蒂尔达人生第二个十年里，大部分时间都是在替自己外出巡游的丈夫掌管德意志。她的日子并不轻松，14岁的时候，她就曾伴随海因里希前往意大利作战，横穿危险重重的阿尔卑斯山伯伦纳山口（Brenner Pass）。她在如此年轻的时候，就已经拥有了德意志王后和神圣罗马帝国皇后的头衔，并且深受爱戴，她的德意志臣民称她为"善良的玛蒂尔达"。

然而，玛蒂尔达二十五六岁的时候，丈夫就因病去世了。作为欧洲大陆最有权势的女人，她只能带着一些往日头衔的纪念物回到英格兰，包括两顶纯金镶宝石的王冠，"其中一顶实在太沉重了，只有加上两根银棒作为支撑才能戴上，她还带回了使徒圣雅各（St. James）的手骨"。此时的她发现自己身份不如从前了，被迫要嫁给安茹的若弗鲁瓦（Geoffrey of Anjou），他那时才15岁。安茹是诺曼底的邻居，但这里的民众一度被诺曼底人视为极其野蛮的民族。[9]这次联姻并不成功，事实上他们结婚只是为了应对威廉·克利托的威胁。克利托当时已经成为佛兰德公爵，这使得英格兰急需与安茹交好——而就在玛蒂尔达和若弗鲁瓦完婚6周之后，克利托就在一场战斗中被一名步兵刺死，他那时正在准备再次对自己的叔叔发起进攻。

这对新人结合不到一年就分开了，但亨利一世强迫他们回到一起，不久，他们的两个儿子出生了。尽管如此，国王亨利仍然恨着若弗鲁瓦，部分是因为诺曼人对安茹人的世仇，部分是因为他自己对若弗鲁瓦的仇恨。若弗鲁瓦亦然。事实上，甚至玛蒂尔达也恨着自己的丈夫，这番恨意来自一系列极其恶毒的谋杀和其他方面。国王更喜欢自己的外甥——脾气随和的斯蒂芬,给予他慷慨的馈赠,让他成了英格兰最富有的人,几乎是把他当儿子一般对待了。

斯蒂芬以悠闲自在和毫无野心而闻名,所以当亨利一世去世之后,他竟能迅速横渡海峡来到温切斯特并加冕称王(1135~1154年在位),实在让人感到惊讶。他的弟弟亨利正是温切斯特的主教。那时最得民心的王位继承人是亨利一世的儿子格洛斯特的罗贝尔,但他因为自己的私生子身份而拒绝了,这也预示着欧洲统治者对于婚姻的标准将会愈发严格起来。斯蒂芬还有一位哥哥名为单纯威廉(William the Simple),这个绰号就解释了他为何没有列席这场王位争夺战。他似乎有些人格障碍,在威胁一名教父说自己要杀死他之后,就安静地回到他们的母亲阿德拉名下的一处乡村住宅中隐居了,阿德拉只好改为支持斯蒂芬。

接着就是长达19年的内战,英格兰的农民阶层对这场战争一定是毫不关心的,事实上,正经的战役其实只发生过一场,大部分斗争都是小规模冲突、谋杀和一般的违法乱纪行为。绑架、抢劫和杀人案件迅速增多,地方贵族趁机将嫌犯都抓起来,向他们勒索钱财,以至于英格兰所有的大牢都人满为患。这就是实实在在的"封建无政府状态",地方权贵召集一支武装部队就能够为所欲为。在围城战中,暴行随处可见,为了消磨敌人的志气,进攻者常常将尸体挂在城墙上,或是将囚犯带到战场上,在众目睽睽下将他们斩首。

在《编年史》中,1139年的条目尤其压抑,描写了内战双方是如何绑架"农民阶层的男男女女,将他们投入监狱以勒索金银,用难以形容的酷刑折磨他们……把他们吊起来,只在拇指上或头部绑绳子,脚下还要点起火堆。或是在他们头部绑打节的绳子,并不断扭动(或转动)它们,让这些绳结进到他们的脑袋里面……或是将他们放进既短又窄还浅的箱子中,然后投入尖尖的石头,挤压里面的人,让受刑的人四肢全部破碎……他们给这片土地上不幸的人们造成了太多伤害和折磨,关于所有这些残酷的刑罚,我既不能也不愿再多说"。

斯蒂芬的问题在于,他太善良了,以至于无法成为一个国王。他声音轻柔,每次开战前他都需要指派一个人代他做动员演讲。当埃克赛特发生叛乱时,斯蒂芬的弟弟亨利主教建议杀掉这些起义者,并指出"王权比人性重要"才是时下的准则。而另一方面,格洛斯特的罗贝尔却建议施行宽容政策,所以斯蒂芬还是释放了叛乱众人。但不久之后罗贝尔就投靠了自己的姐姐,这表明他那时可能并没有给斯蒂芬提供最有益的建议。

亨利一世或克努特可能一天之内绞死或弄瞎一半的人民,但据《编年史》记载,斯蒂芬却是个"非常温和的人,他幽默而随和,从不惩罚任何人"。在大多数人眼里,这样的斯蒂芬是虚弱的。

同时,玛蒂尔达受到了亲戚的阻挠。在斯蒂芬继承王位后不久,英格兰北部就遭到了入侵,入侵者是玛蒂尔达的舅舅——来自苏格兰的大卫,但这对她而言可算不上什么巨大的帮助,因为北方人深深惧怕着苏格兰人。同样给她添麻烦的还有与她分居的年轻丈夫若弗鲁瓦,作为安茹人的他实在是非常不受欢迎。

然而,到1141年,斯蒂芬在林肯郊外被俘,让玛蒂尔达皇后到达了胜利的边缘。斯蒂芬被囚禁于布里斯托尔(Bristol)。但到了9月,玛蒂尔达和盟友格洛斯特的罗贝尔在围攻温切斯特时,却被一支效忠斯蒂芬的军队给击败了。罗贝尔英勇战斗了相当长时间,为姐姐争取了逃跑的时间,而自己则被生擒。罗贝尔被用于交换斯蒂芬,双方又重新回到了原点。

关于战争的后期阶段,我们知之甚少,因为此时期的主要编年史家——马姆斯伯里的威廉——不幸于1143年去世了。他最后一本著作《历史小说》(*Historia Novella*)中的最后一句话是:"如果上帝予我恩赐,我愿意更加详细地研究这些事情,从当下的这些人身上,我了解到了事情的真相。"

同时,玛蒂尔达还在伦敦引发了一场暴乱,她急于摆脱这些愤怒的伦敦民众,连晚饭都没用完就逃走了。在内战的剩余时间里,她都只好在西部各郡不停奔波。伦敦人之所以对她感到愤怒,部分是由于她夺取了市议会的权力,还因为她不能保护伦敦的民众免于另一支军队的侵扰。这支军队是由斯蒂芬冷酷无情的妻子派出的,她是尤斯塔斯的女儿,称为布洛涅的玛蒂尔达[历史学家们常将她的名字写为玛蒂尔德(Mathilde),只是为了更好地区分二人]。玛蒂尔达率领一支"庞大的军队"洗劫了伦敦,"他们带着极度的愤怒,疯狂搜刮财物、纵火、暴力伤人"。伦敦的人民只能"眼睁睁地看着自己的土地被掠夺,在敌人的毁坏下,他们的居所终于只剩刺猬洞穴一般大小"。玛蒂尔达此时才发现,曾经支持自己的所有人都背弃了她，包括斯蒂芬的弟弟亨利主教，两个月之前他还宣称玛蒂尔达为英格兰女王（Lady of England），"凡诅咒她的人都会受到诅咒，祝福她的人则都得到福报"。

让玛蒂尔达情况更糟糕的是，她的丈夫若弗鲁瓦伯爵（同时也是诺曼底公爵）拒绝派兵帮助她。

玛蒂尔达称呼自己为"英格兰女王"，她对伦敦人也一样傲慢无礼，尽管这是站在敌方立场的编年史家说的——他可能对任何女统治者做出这样的评价。一份站在斯蒂芬立场的记录这样记载："她上一秒还维持着女性应有的端庄姿态和优雅举止，下一秒就可以变得极度傲慢无礼、举止嚣张。"

直到1147年，教皇发起第二次十字军东征时，英格兰的情况才得以有所改善，许多参战贵族都加入了东征的队伍。此次东征彻头彻尾地失败了，最后引发了所有基督教徒之间的互相矛盾，不过其中有一个结果影响深远：在征途中有一部分英格兰人偶然落脚里斯本，当地基督教徒说服他们加入了对当地萨拉森人的战争——英格兰人的加入对日后葡萄牙的建立起到了推动作用。

随着得到的支持越来越少，玛蒂尔达于1149年从牛津逃走了。她沿着一根绳索从窗户爬下来，跨过了一条结冰的河流，与她的4名护卫一起身着白色的衣物，以在雪地里掩盖行踪。

内战终于进入了新的阶段，由两位竞争者的长子——尤斯塔斯与玛蒂尔达之子亨利（Henry Fitzempress）——接过了战斗的大旗。彼得堡版的《编年史》中描述了斯蒂芬的儿子："他是个恶魔般的男人，无论走到哪里，他做的恶总比行的善多，他任意践踏土地、横征暴敛。"而另一边，玛蒂尔达的儿子亨利则有几分军事天赋。他年仅13岁时就领率领一支雇佣兵入侵英格兰，在攻打一座城堡失败后，他的士兵纷纷抛弃了他，他陷入了孤立无援的境地。"永远满怀怜悯和同情之心"的斯蒂芬将他救出来并送回了家，如同一名被宠坏的小孩在间隔年旅行时被国外的警察抓住后父母所做的那样。

最终，双方手下的贵族们受够了这毫无意义的战争，他们开始私下缔结和平协定。莱切斯特伯爵和切斯特伯爵的领地相毗邻，但分别效忠于内战双方，他们私下约定，如果再被召集打仗，他们只会分别派出20名骑士，并且在战争结束之后归还所占的土地。1153年，内战双方缔结了一项和平条约①，但愤怒的尤斯塔斯却违背了合约，率兵疯狂洗劫东安格利亚。他抵达了圣埃德蒙兹伯里修道院，在他们拒绝上交财物之后，任意践踏这里的土地，并在修道院的食堂里享用晚饭，结果竟被食物噎死了。[10]

斯蒂芬厌倦了这一系列的流血事件，在承认亨利为继承人之后一年就因为胃病而去世了——也许正是20年前白船事件前救他一命的那种病。玛蒂尔达又活了14年，在此期间担任国外的顾问，她生前给国王的最后一条建议就是不要任命他的朋友托马斯·贝克特（Thomas Becket）当大主教。与哈罗德一样，亨利其实也应该听从母亲的建议。

同一年，《盎格鲁-撒克逊编年史》的最后一个条目以一贯悲

---

① 指《瓦灵福德条约》（Treaty of Wallingford），条约规定斯蒂芬保留英格兰王位，他去世之后由玛蒂尔达的儿子亨利继承王位，从而结束了此次内战。——译者注

惨的语气结束了这本书:"从未有哪个国家经受过这样的苦难。耕耘过的土地无法产出粮食,是因为它们早已被暴行所糟蹋。人们毫不讳言:上帝和他的圣徒们都睡着了。"

1066

第13章
决不投降

The Battle of Hastings, Anglo-Saxon and Norman England

征服者与被征服者

在1114年一份英格兰农场的工人名单上，可以看到当时工人们的名字分别为索恩（Soen）、雷纳德（Rainald）、艾尔温（Ailwin）、勒马尔（Lemar）、戈德温、欧德瑞克（Ordric）、奥瑞克（Alric）、萨罗伊（Saroi）、尤威特（Ulviet）和尤法克（Ulfac），而租用该庄园的男子则名为奥姆。[1]在同一时期，一名来自惠特比（Whitby）的男孩请求将他的名字从托斯蒂格改为威廉，因为他受到了欺凌。[2]到这一世纪末，上面所有这些名字都消失了，留存下来的英格兰名字仅有阿尔弗雷德、埃德蒙以及爱德华，尤其是爱德华，这个名字仍然风行于世得益于人们对忏悔者爱德华的崇拜。13世纪时，亨利一世的玄曾孙亨利三世对忏悔者爱德华非常推崇，以至于将他的长子起名爱德华，自此开始了一长串国王以此命名的历史。

当时，一个人的名字能够直接体现他的社会阶层。长期以来，英国的阶级分化也一直同诺曼人密不可分。后来，反对贵族制的中产阶级抗议者们理所当然地将自己的抗争视作撒克逊人反抗诺曼人的枷锁，虽然这有些不切实际。

在1642年至1649年的英格兰内战期间，议会一方的许多人都认为，他们的斗争是从外国暴君手中夺回撒克逊人自由的斗争，因为他们的敌人是出生于苏格兰并同法兰克基督教徒结婚的君主。掘土派（Diggers）领袖杰拉德·温斯坦利（Gerrard Winstanley）将他领导的内战激进派视为反抗诺曼人的撒克逊后裔。他写了一本不切实际的小册子，名叫《正义的新法则》(*The New Law of Righteousness*)。他辩称，圣经规定每个人都应该是平等的："英格兰的平民百姓一致同意付出人力和财力，将诺曼压迫者查理驱逐出境，这次胜利使我们脱离了诺曼人的枷锁。"这远非历史的真实情况。在1066年之前，奴隶制与不平等普遍存在，诺曼征服之后唯一不同的是，压迫者所说的语言改变了。与此同时，温斯坦利生命中的最后几年都在争夺一小笔遗产，他认为遗产应当属于他。

后来，诸如托马斯·杰斐逊（Thomas Jefferson）这样的美国先驱也认同1066年的战败方，把自己看作是哈罗德一派的后代和政治接班人。杰斐逊对盎格鲁-撒克逊历史非常热衷，他提议美国国徽的一面可以以巨石阵和霍萨（Horsa，5世纪时征服肯特的朱特人领袖，有着半神话的色彩）为特色。而托马斯·潘恩（Thomas Paine）则警告说，英国统治下的美国人会发现"自己正在遭受的苦难，与处于征服者威廉压迫下的苦难的英格兰人是一样的"。

这种想法的出现，在很大程度上是由于近代早期人们对法国人的态度。到杰斐逊时期，法国早已成为欧洲的文化领导者，是繁杂的皇家礼仪和其他高雅文化的中心；但它由一个专制的贵族阶层统治着,他们对待农民的方式令人震惊,人们很容易就将法国人的这些特质转移到诺曼人身上。

19世纪的托利党首相本杰明·迪斯雷利(Benjamin Disraeli)认为,英国从一开始就被"两个民族"分裂开来,即"征服者和被征服者"。在同一时期,英国最受欢迎的小说之一——沃尔特·斯科特(Walter Scott)的《艾凡赫》(*Ivanhoe*)讲述了一个撒克逊英雄的故事,这个英勇的撒克逊人被诺曼统治者追杀,而此时勇敢的国王理查德尚在十字军东征的途中。维多利亚时代是英国民族自信心和亲德情绪最高涨的时代,同时盎格鲁-撒克逊主义也达到了巅峰。关于罗宾汉(Robin Hood)的传说最初设定在13世纪60年代,剧情蕴含着对当时经济状况的不满,然而在这一时期,故事的背景被转移到12世纪90年代,并且以撒克逊草莽英雄反抗诺曼精英阶层为主题。

类似的想法已经根深蒂固。约翰·欧法雷尔(John O'Farrell)于1999年出版的《事情已经不能更糟》(*Things Can Only Get Better*)中就描写了英国工党激进者的生活,他写道:"让我震惊是,英国的阶级基本还是以诺曼人和撒克逊人血统来区分的。富勒姆的诺曼人依然喝着葡萄酒,在法国拥有土地,而富勒姆的撒克逊人也仍然喝着麦芽酒,说着'盎格鲁-撒克逊'词汇,照料着球场后的小块的条状土地。"[3]当时的英国是由一名保守党人领导的,她有着最具代表性的盎格鲁-撒克逊姓氏——撒切尔。

也许威斯敏斯特公爵的忠告仍有意义。2011年的一项调查显示,诺曼姓氏的人所拥有的财富仍比平均水平高出10%左右[4]。不过，虽然大部分盎格鲁-撒克逊精英在黑斯廷斯战役中衰落，大量人口被剥夺财产，但也有许多人的生活并未发生变化，相当数量的盎格鲁-撒克逊士绅家庭仍生活在原先的地方。13世纪时"拥有大量土地"的家族中，谱系能追溯到1066年之前的有伯克利（Berkeley）、克伦威尔（Cromwell）、内维尔（Neville）、兰姆利（Lumley）、格雷斯托克（Greystoke）和奥德利（Audley）这几大家族。[5]

经历了诺曼时代的英格兰发展至现在，仍旧保留了一些它在公元1000年时的特征，包括其法律和文化。玛蒂尔达的儿子亨利二世是刚勇者埃德蒙的后裔，他采用了起源于埃塞尔雷德统治时期的陪审团制度。盎格鲁-撒克逊人的维坦也值得铭记，它仍是英格兰民族特性的一个强烈象征。在1776年宾夕法尼亚宪法的辩论中，维坦也被频频提起。

许多英格兰人选择逃离而不是接受诺曼人的统治。一些人去了苏格兰，在那里他们打破了盖尔语（Gaelic）的语言平衡，为这个国家成为英语国家奠定了基础。其他许多人（也许有足足300艘船的人）乘船去往君士坦丁堡，参加了皇帝的瓦良格卫队。卫队中的英国人甚至必须去西西里岛与诺曼人作战，期望能在那里实现复仇，然而这一次诺曼人又获得了胜利——他们总是获胜的一方。更令人意想不到的是，一些英格兰人逃难到黑海沿岸，在某处定居下来，也许是克里米亚，他们称之为"Nova Anglia"，即新英格兰；这片殖民地直到13世纪才被吞并。[6]

诺曼人并未止步英格兰，他们最终征服了威尔士和爱尔兰。

1098年，切斯特和什鲁斯伯里（Shrewsbury）的诺曼伯爵带领军队穿过北威尔士，追杀当地首领凯德艮（Cadwgan）和格里菲斯，在即将抓获这两人之时，他们遇到了一场灾难——挪威国王光脚马格努斯（Magnus Barefoot，即马格努斯三世）的舰队。马格努斯当时恰巧在爱尔兰海附近巡航，如同海盗度假一般。什鲁斯伯里伯爵和部分诺曼士兵被杀，其他人则逃跑了。与光脚马格努斯一起的是前英格兰国王的儿子哈罗德·哈罗德森（Harold Haroldson），他曾发起针对英格兰国王的起义，并在起义失败后就去了挪威，一直生活在那里。马格努斯二世对他很好，因为前国王哈罗德在斯坦福桥战役后赦免了自己。关于哈罗德森的最后记载是他与马格努斯二世的儿子一起去了这次巡航，之后就没有关于他的消息了。

与此同时，哈罗德的女儿贡希尔德在英格兰南部的威尔顿成了一名修女，在那里，伍斯特的乌尔夫斯坦主教（那个讨厌长发的人）治愈了她的肿瘤。那时候，布莱顿勋爵红毛艾伦（Alan the Red）本应迎娶埃德加·阿塞林的侄女——修女伊迪斯，但艾伦更喜欢贡希尔德并且诱拐了她。在施展完不光彩的追求手段之后，艾伦就一直待在黑斯廷斯，两人相处似乎一直很愉快，尽管他们之间有明显的婚姻争执，即后来艾伦的兄弟布里恩（Brien）与贡希尔德的兄弟在丹佛发生的战争。他死后，贡希尔德嫁给了艾伦的侄子，另一位艾伦。与此同时，伊迪斯的父亲马尔科姆想要撮合威廉·鲁弗斯同他的女儿结婚，但鲁弗斯也并不是理想的婚姻对象，因此他最后让女儿嫁给了自己的兄弟亨利一世。

哈罗德的另一个女儿吉萨，逃到了丹麦并远嫁给了基辅公爵。他们的后裔法兰克的伊莎贝拉（Isabella of France）后来嫁给了英格兰国王爱德华二世，正是通过她，之后英国皇室以及绝大多数英国人[7]的血统才追溯到哈罗德和威廉。

融 合

诺曼人入侵的最大影响在于英语的使用，英语作为政府和法律媒介语言的地位，在那之后被法语和拉丁语取代长达3个世纪。它本可能会像至少8种英国早期本土语言一样绝迹，然而，很可能是由于使用英语的人从数量上仍占绝对优势，以及业已成形的文学体系，英语终于留存了下来。

最终，英语被新贵族采用，但这是一种改良后的语言，而古英语对我们来说则完全无法理解。如今，至少四分之一甚至接近一半的英语单词起源于法语，诺曼入侵又为这种语言带来了许多细微差别。法语单词通常更正式或听起来更带有贵族风格：法语一般说升起（ascend）而不是升高（rise），地位（status）而不是位置（standing），宅邸（mansion）而不是房屋（house），热忱（cordial）而不是热心（hearty）。而几乎所有与政府和司法相关的单词都来自诺曼人，包括监狱（prison）、陪审团（jury）、重罪（felony）、叛徒（traitor）、治理（govern），当然还有司法（justice）。同样，头衔所用的语言大多来自诺曼法语，包括君主（sovereign）、王子（prince）、公爵（duke）和男爵（baron）——虽然国王（king）或领主（lord）并不包含在内。

最著名的对比是描绘田野中的动物与盘子里的动物时用词的区别，英语中描述动物的单词——pigge（猪）、sceap（羊）、cu（牛）保留了下来，而法语中的菜肴词汇——porce（猪肉）、mutton（羊肉）、boeuf（牛肉）则代替了原先的英语。表示面包师（baker）和鞋匠（shoemaker）等技能需求不高的职业时，通常用盎格鲁-撒克逊语，而表示泥瓦匠（mason）和裁缝（tailor）这类高技能高薪水职业时，则用法语。法语衍生的英语单词听起来更加繁复，这就是乔治·奥威尔（George Orwell）建议人们尽可能使用盎格鲁-撒克逊词语的原因。

感谢诺曼人，在许多情况下，我们都能有两个单词来描述同一种情况，比如friendship（友谊）和amity（友好），brotherhood（兄弟情谊）和fraternity（兄弟友爱），motherhood（母亲）和maternity（母性），rise（升高）和ascend（升起），cheer（欢呼）和cherish（珍爱），cave（洞穴）和cavern（洞穴），stand（站立）和stay（停留），cow（牛）和beef（牛肉），think（思考）和pensive（沉思），以及smell（气味）和odour（味道），help（帮助）和aid（援助），weep（流泪）和cry（哭泣），weird（怪异）和strange（奇怪），harbour（海港）和port（港口），worthy（值得的）和valuable（宝贵的），knowledge（知识）和science（科学）。

名词通常使用英语词汇，而其形容词则使用法语，因此有water（水）/aquatic（水生的），mouth（口）/oral（口头的），son（儿子）/filial（子女的）和sun（太阳）/solar（太阳的）。另一个奇异的结果是,在法律英语中,这种双语现象导致了大量由英语和法语单词组成的双词汇并列现象,如breaking and entering(强行入侵他人住宅)、fit and proper(合适且恰当的),以及wrack and ruin(破坏和毁灭)。

奇怪的是,一些法语词通过诺曼人和巴黎人两种途径融入英语,因此造成了两种形式几乎完全一致的双词汇,比如convey(传送)和convoy(护送),gaol(监牢)和jail(监狱),warden(看守人)和guardian(守护人),warrant(担保)和guarantee(保证),以及wile(诡诈)和guile(诡计)。[8]

1135年后不久,古英语作为一种书面语言就已经消失了,国家进入混乱时期,而第二册至最后一册《盎格鲁-撒克逊编年史》正编写于此时。19年后,全书最后一个条目所使用的语言已截然不同,远比之前成书的部分更接近现代英语。盎格鲁-撒克逊人使用德语结构,动词放在句子结尾处,就像《星球大战》里的尤达①一样。这一切都随着诺曼人的到来而改变了。词性逐渐被淘汰,拼写被简化,大部分动词变位都消失了,名词的屈折变化被减少为两种。如果不是有诺曼人的话,今天我们可能全都在说德语;然而,我们现在说的也可以说是一种洋泾浜德语。

---

① 尤达(Yoda)是《星球大战》系列中的虚拟角色,具有强大力量和智慧与至高的品德。尤达的种族和早年生活在电影中没有明确透露,他的出生地亦是个谜,但他的母语很可能是一种具有宾主谓结构的语言,由此导致了他非常特别的"倒装"说话习惯。例如:"带你去见他,我会。"(Take you to him I will.);"朋友们,你在那里有。"(Friends you have there.);"当900岁,你达到时;好看的样貌,你不再会有。"(When 900 years old you reach, look as good you will not.)。——译者注

最后一部使用古英语写成的作品可以追溯到1190年左右的坎特伯雷；40年后的记载显示，伍斯特的一个修道士正在尝试学习古英语，但到了1300年，一些盎格鲁-撒克逊文本已经被认为是一种"未知语言"。若弗鲁瓦·乔叟（Geoffrey Chaucer）所使用的中古英语诞生了。

然而，如果说英语更接近法语而非德语仅仅是出于诺曼人的影响，也是不正确的。无论如何，法语本身就能变得非常有影响力，到12世纪，法语已经成为西欧的通用语，而法国在未来几百年都是大陆的文化中心。大部分法语单词在公元1200年后才融入英语，而那时统治英格兰的已经不是诺曼人了。事实上，甚至在诺曼征服之前，英语就已经吸收了许多法语词汇，如培根（bacon）、姜（ginger）、阉鸡（capon）、舞者（dancer）、武器（weapon）、监狱（prison）、服务（service）、市场（market）和骄傲（proud）。[9]借词的高峰期是14世纪最后25年，已有2500个外来词汇可以确定是在这一时代从法语引入的。在这个时期，英语已经取代法语成为了议会语言，英国也占领了法国的大片地区，而不是被法国占领。[10]与此对照的是，在1200年左右雷亚孟（Layamon）所作的著名咏史诗《布鲁特》（*Brut*）中，三万行诗句里只能找到250个来自法语的外来词汇，所以法语的影响一定发生于之后的时代。[11]

英语最终取代诺曼法语成为政府的语言。1362年，议会将英语定为官方语言，而在1399年，亨利四世成为自他的前辈哈罗德二世以来首位以英语为母语的国王。他在议会上大喊"是的，是的,是的!",而他的儿子亨利五世则在诺曼底的动乱中度过了短暂而辉煌的生涯,他像威廉一世一样,对神的支持充满信心。亨利五世如同典型的英国足球狂热者去了国外,他根本不懂法语。

到了1385年,英语的地位得到极好的恢复,以至于有人写道:"现在文法学校的孩子们对法语的了解不比对自己左脚跟的了解多,如果他们漂洋过海到国外旅行的话,肯定会是一场灾难。"自此以后,情况几乎没有发生过变化。直到下个世纪,英语才在法庭上取代了法语,然而,直到17世纪,法院依然在使用某些"腐朽的法语"。[12]

1154年斯蒂芬的去世标志着诺曼时代的结束,以及一个新王朝的开始,称为安茹王朝或金雀花王朝,名称来自若弗鲁瓦五世打猎时喜欢在翻领上装饰的金雀花。他的儿子亨利二世统治了一个庞大的帝国,其中包括法国的整个西部地区。但当亨利无能的儿子天地王约翰(1199~1216年在位)在1204年失去诺曼底时,这一切都结束了。从此,盎格鲁-诺曼贵族开始将自己认定为英格兰人。1157年,一位法官还在说"我们诺曼人"需要被保护,以"抵御英格兰人的诡计"[13],但仅仅20年后,财政大臣理查德·菲兹尼尔(Richard fitz Nigel)就指出,"种族融合的程度已经非常高,以至于几乎无法辨别谁是英国人,谁是诺曼人"。在那个年代,每个人都能说一口流利的英语,而在约翰治下,皇家宪章中所有臣子的身份标签条目"盎格鲁人和法兰克人"(Angli et Franci)最终都被取消了。

1214年,约翰试图夺回他的法国土地,这次灾难性的行动招致了领主们的反抗。次年，反抗达到高潮，最终签订了被称作"伟大宪章"（great charter）的和平协议，即大宪章（Magna Carta）。盎格鲁-诺曼精英阶层中的许多人有两族混血血统，他们都成了英国人，由于英吉利海峡切断了他们与大陆的联系，他们的法语开始出现变体，现在仍遭到巴黎人的嘲笑。如今，诺曼语或"泽西岛法语"仍然是海峡群岛[①]的三种官方语言之一，尽管几乎没有人能够理解这门语言。这些岛屿是1204年之后英格兰人手中唯一的公爵领地，而到今天，女王仍然是官方的诺曼底公爵（奇怪的是，并非公爵夫人——因为诺曼人原本决不会接受女人的统治）。

英语曾被打入底层，面临着完全消失的境况。如今，30000个盎格鲁-撒克逊词汇中仅有4500个仍然应用于英语之中，但这一小部分的盎格鲁-撒克逊语不仅仅是留存下来——它们成了现代英语的支柱。事实上，没有它们，用英语根本无法说出任何有实际意义的表达。现今最常用的100个英文单词中，几乎所有都是在诺曼征服之前就出现的。最常用的法语派生词是"just"，排在第105名。

1940年，当英国面临着比1066年更严重的侵略，战时首相温斯顿·丘吉尔发表了著名演讲，哈罗德国王大概能够理解这场演讲的精神："我们将在海滩上作战！在敌人登陆地点作战！在田野

[①] 海峡群岛（Channel Islands），又称盎格鲁-诺曼底群岛，是位于英吉利海峡中的群岛，距离法国北部诺曼底只有大约10海里。整个群岛被划为两个行政区——根西（Bailiwick of Guernsey）和泽西（Bailiwick of Jersey）。虽然经常被误会是英国（联合王国）的属地，但海峡群岛实际上是英国王权属地（Crown Dependencies），其宗主权直属于英国王室而非联合王国的一部分。——译者注

和街头作战！在山区作战！我们任何时候都不会投降。"除了最后一个单词（surrender，意为"投降"）之外，其他词汇都有着盎格鲁–撒克逊的起源。[14]

诺曼征服后将近9个世纪，一支庞大的舰队沿着相反的方向，从英国向诺曼底行进，它由3个英语国家的军队组成，即英国、美国和加拿大。1944年诺曼底登陆的英国军队由陆军元帅伯纳德·蒙哥马利（Bernard Montgomery）领导，他来自一个12世纪定居于苏格兰的诺曼家族。他的祖先罗杰·德·蒙哥马利（Roger de Mundegumbrie）曾跟随威廉从诺曼底来到英格兰。1944年6月7日，英军占领了巴约，如今，在曾占领该镇的英国第56步兵师的墓园里（距离不到一英里的地方可以看到挂毯），铭刻着一句拉丁文碑文：*Nos a Guillelmo victi, victoris patriam liberavimus.*（威廉征服的那些人解放了征服者的土地。）

参考文献

1066 *The Battle of Hastings, Anglo-Saxon and Norman England*

本书只是对此时段的简单介绍，
更多细节请参阅以下资料：

Ackroyd, Peter *Foundations*

Asbridge, Thomas *The Greatest Knight*

Bartlett, Robert *The Making of Europe*

Barlow, Frank *The Godwins*

Borman, Tracy *Matilda: Queen of the Conqueror*

Bradbury, Jim *The Battle of Hastings*

Bridge, Anthony *The Crusades*

Bridgeford, Andrew *1066: The Hidden History of the Bayeux Tapestry*

Brooke, Christopher *The Saxon and Norman Kings*

Bryson, Bill *Mother Tongue*

Castor, Helen *She-Wolves*

Clarke, Stephen *1000 years of Annoying the French* Crossley-Holland, Kevin *The Anglo-Saxon World*

Clements, Jonathan *Vikings*

Crystal, David *The Stories of English*

Denzinger, Danny and Lacey, Robert *The Year 1000*

Gimson, Andrew *Gimson's Kings and Queens*

Higham, Nicholas J. and Ryan, Martin J. *The Anglo-Saxon World*

Hindley, Geoffrey *The Anglo-Saxons*

Howarth, David *The Year of the Conquest*

Lacey, Robert *Great Tales of English History*

McLynn, Frank *1066*

Morris, Marc *The Norman Conquest*

Neveux, Francois *A Brief History of the Normans*

Oliver, Neil *The Vikings*

O'Brien, Harriet *Queen Emma and the Vikings*

Ormrod, W.H. *The Kings and Queens of England*

Parker, Philip *The Norseman's Fury*

Poole, A.L. *Domesday Book to Magna Carta*

Ramirez, Janina *The Private Lives of the Saints*

Schama, Simon *A History of Britain, Volume 1*

Stanton, Sir Frank *The Anglo-Saxons*

Strong, Roy *The Story of Britain*

Tombs, Robert *The English and Their History*

White, R.J. *England, A History*

Wood, Harriet Harvey *The Fall of Anglo-Saxon England*

注释

1066 *The Battle of Hastings, Anglo-Saxon and Norman England*

引言　流星划过之后

1. http：//www.etymonline.com/index.php?term=bigot.
2. 马尔福被解读为"言而无信"，伏地魔意即"死亡盗贼"。无需更多解释，你可以看到，《哈利·波特》中大部分反面角色都有着法国贵族风格的名字，包括奇洛教授（Professor Quirinus Quirrell）以及贝拉特里克斯·莱斯特兰奇（Bellatrix Lestrange）。而正面形象诸如邓布利多、海格和布莱克的名字则听起来都有盎格鲁–撒克逊的味道。格兰杰在盎格鲁–撒克逊语中是法警的意思，是我这套不成熟的理论中唯一一个例外。
3. https://www.ft.com/content/57f2dec2-5e7d-11e6-bb77-a121aa8abd95.
4. 这位公爵年轻的时候曾经参军，是一件符合他身份的事情，虽然他自己的热情在于工人阶层的运动——足球。公爵的父亲不允许他与富勒姆足球俱乐部签约，因为他认为这项运动的身体接触太轻柔了,他更喜欢上层阶级的运动——(英式)橄榄球。

5. 封建这个概念已经被历史学家们反复讨论过许多次了。有些人甚至认为,这个定义本身就没有任何实质意义。

第1章 遥远不列颠

1. 更多信息请参见本系列丛书之《黑暗年代》。更重要的是,买下它。

2. Tombs, Robert *The English and Their History*

3. 同上

4. 同上

5. 历史学家罗伯特·图姆斯(Robert Tombs)认为,法国文学是1066年以后在英格兰以模仿英语的形式发展起来的,法语史诗《罗兰之歌》(*The Song of Roland*)就是在英格兰写就的,讲述了一个有点蠢的英雄带领法兰克人抗击萨拉森人的故事。事实上,历史上的罗兰是在与另外的基督徒作战,而并非萨拉森人,不过史诗总是和好莱坞大片一样,对历史的准确性漫不经心。

6. 所有这些都让英格兰人感到新奇,一位意大利的编年史家写到,曾有一位英格兰商人在帕维亚对消费税的事情大吵大闹。

7. 这本书中说,所有孩子们都认为他们应该与农民维持和谐的关系,因为"他们为我们提供了吃的和喝的……不管你是谁,是神父、僧侣、农民还是士兵,都要专注眼前的工作,努力做好分内的事,做好你自己,因为对一个人来说,最有害和最可耻的莫过

注　释

于不知道自己是谁，该做什么，以及将要成为什么样的人"。

8. 《对话录》中讲到一位骄傲的猎人得到了国王的御用，他能用网捕获牡鹿，用长矛刺死绵羊，他说："一名猎人决不能怯懦，因为所有的野生动物都生活在森林里。"一个渔夫说，他从湖里和河里获取"鳗鱼、梭子鱼、鲦鱼和鳟鱼……还有各种正巧在河里游的小鱼"。

9. 父亲节是1908年才在西弗吉利亚设立的，是为了纪念上一年12月在爆炸事故中死去的361名矿工。

10. 这个时期留存下来的另一部作品是《十二条咒语》(*The Twelve Charms*)，成书于10~11世纪，里面有一条是祈祷丰收用的，需要反复吟唱这句咒语"Erce，Erce，Erce，eorpan motor"，eorpan motor意为"大地之母"，"Erce"据推测可能指一位长期被遗忘的女神，她负责掌管生育，不过这种推测可能是无稽之谈。

11. 奴隶制还能为国王带来税收：每完成一匹马的交易，买方和卖方都需要上交一便士的税，而当一个人被交易，他们都需上交四便士。

12. fyrd一词来源于古英语，意为"前往"，类似德语中的fahren。很多古英语中的词汇都与德语相近。

13. Howarth，David.

14. Stanton，Sir Frank.

第2章　埃塞尔雷德二世

1. Ramirez，Janina.

2. Hilda Roderick Ellis Davidson, *Gods and Myths of Northern Europe*.

3. 几乎所有英格兰的郡在这时都已经存在了，除了最北部的两个郡，以及面积非常小的拉特兰郡（Rutland），在历史上这块地区是给英格兰女王的私人嫁妆。

4. 至少Byrhferth的*Life of St Oswald*一书中是这样描述的。

5. 更准确的称呼应为Ælfthryth，但这个时期的所有名字都有多种拼写方法，我尽量用简洁的方式去拼写它们，以免大家觉得自己在啃一本生涩难懂的外国小说。

6. O'Brien, Harriet.

7. 根据12世纪的历史学家马姆斯伯里的威廉记录，据说邓斯坦也抨击过埃塞尔雷德的洗礼，"以上帝和圣母之名，他长大成人之后会成为一个废物"。这种话听起来就像你自己在许多事后也会说出来的一样。

8. 不过，维京人从未踏足今天的美国国土，1898年在明尼苏达州发现的北欧碑铭——肯辛顿如尼石板（Kensington Runestone）——被公认为是一场骗局。但他们的足迹往南的确到达了纽芬兰省，这已经足够令人钦佩了。

9. 诺曼人因为他们的盔甲颜色而被称为"灰白的外国人"，同理，维京人则称为"蓝色的人"。

10. http://www.irishtimes.com/news/why-people-in-iceland-look-just-like-us-1.1104676.

11. 更有诗意的一个故事讲到，两位罗斯人拜访了了君士坦丁堡宏伟的圣索菲亚大教堂，感到他们自己离天堂更近了一步，尽管这座教堂的确是非常壮观的建筑,但可能性更高的解释还是如弗拉基米尔自己所说的:"饮酒给所有罗斯人带来愉悦,没有这份快乐我们就无法生存。"你可以想象,当有人向罗斯人传教时,一旦提到禁酒这项细则,他一定会立即遭遇失败。"等一等,其他人都已经离开了吗?"

12. 迈克尔·克莱顿(Michael Crichton)的小说《食尸者》(*Eaters of the Dead*)就是基于伊本·法德兰的故事而来,之后又被拍成电影《终极奇兵》(*The 13th Warrior*)。

13. Clements, Jonathan.

14. "*The Fortunes of Men*" 由 Henry Morley 翻译。请见 The Library of the World's Best Literature. An Anthology in Thirty Volumes. 1917, http: // www. bartleby. com/library/poem/264. html.

15. 《凤凰》(*The Phoenix*)是一首更欢乐些的诗歌,讲述了一个存在凤凰的"快乐之地",在这里,"无论严寒酷暑都不会造成一点影响"。还有一首《瓦尔特之歌》(*Waldere*),讲述了西哥特国王阿基坦的瓦尔特(Walter of Aquitaine)是如何从匈奴王阿提拉那里逃脱的,那时阿提拉为了取悦自己的爱人,正在与另一位国王古斯勒(Guthere)作战。但同样地,这首诗也只留下一些残章。这个故事的结局是幸福的,不过一般而言,那时的大部分诗歌都是沮丧的。

16. *Anglo-Saxon Riddles of the Exeter Book*, trans. PAULL F. BAUM. Durham, North Carolina: Duke University Press, 1963.

第3章 诺曼人

1. 大陆的撒克逊人居住在如今的德国地区,而不列颠的撒克逊人则逐渐与盎格鲁人融合,勿混淆这两个撒克逊分支。
2. 拉格纳的姓氏罗斯布鲁克意为毛茸茸的裤子,他的形象经常出现在各种传奇中,死亡方式在每个故事中都不同,并成为了许多维京领袖的父亲,尽管这不太可能是真的。如今他的形象以作为电视剧《维京传奇》(Vikings)的主角而为大家熟知。
3. http://www.ibtimes.co.uk/did-normans-descend-vikings-what-genetics-tell-us-about-viking-legacy-1560298.
4. Bradbury, Jim.
5. 这里之所以成为一处宗教圣地,是因为大天使圣迈克尔曾降临于一位当地主教面前,据这位主教称,天使给了他的头狠狠一拳,作为一次拜访这样的行为似乎显得过于暴力了,令人感到震惊,但那时的诺曼人普遍都是很暴力的,所以也许这是天使吸引他注意的唯一办法。主教的头颅至今仍在展出,在头盖骨上的确有一个可见的伤痕。
6. O'Brien。
7. 来自马姆斯伯里的威廉的记载。他是这一时期英格兰最重要的历史学家。
8. 朱米格斯的威廉(William of Jumieges)是生活在这起事件之后不久的史学家,他评价说,埃塞尔雷德玷污了英格兰,"他在统治期间所犯下的恐怖罪行,让野蛮的异教徒也感到嫌恶和震惊"。他

注 释

命令屠杀"在这个国家生活的丹麦人,他们原本的生活平静而和谐……他下令将女人们的腰部以下埋进土里,让凶猛的獒犬将她们作恶。他还下令将小孩在门柱上碾碎"。不过,威廉的立场是支持诺曼人的,所以他也可能在撒谎。

9. 斯堪的纳维亚的手机研发工程师发明了一种新的设备,能够让跨境通信变得更为简便,他们决定以哈拉尔的绰号为新发明命名,因为正是他统一了挪威和丹麦。由此,哈拉尔更加青史垂名了。

10. O'Brien。

11. 在伯纳德·康沃尔(Bernard Cornwell)的《最后的王国》(*The Last Kingdom*)中,主角诺森布里亚的尤特德被认为是历史上真正的尤特德之先祖。

12. 作为英格兰国王的斯韦恩并未给这个国家带来巨大的影响,他唯一采取的措施就是在自己控制的区域内收取了一项税收,并且在他死后税金又被归还给了纳税人。

13. 他的名字在丹麦语中叫克努特,意为"红腹滨鹬",但在英语中似乎显得太炫耀且太粗鲁了。他的洗礼名其实是兰伯特(Lanbert)。

14. 这至少是其来源的一种说法。也有很多人对此表示怀疑。

15. 乌尔夫斯坦在担任伦敦主教时曾发出警示:"一个人遭受的苦难,必定是他应得的来自地狱的折磨。那里有永恒的火焰在翻滚,带来无限的痛苦,那里永远是污秽聚集之地,充斥着呻吟和悲啼,以及经久不消的鞭痕。那里有各种各样的痛苦和所有魔鬼的刑罚。对受困于苦难中的人而言,他们宁愿自己从未出生过,也好过遭受这样的折磨。"

第4章 克努特大帝

1. 现在，只有"威森加摩"（Wizengamot）一词中还保留着一点维坦的影子，它是指《哈利·波特》系列中以邓布利多（Dumbledore）为首的巫师法庭。

2. 皇后艾玛的传记中仅仅提到，"上帝干预了此事"，并带走了埃德蒙，他成了这段时期里最后一位完完全全的英格兰本土国王。

3. 奇怪的是，曾有部分人认为埃德蒙是莎士比亚的第一部戏剧《铁甲王埃德蒙（英格兰国王）》[*Edmond Ironside* (*The English King*)]的主角，不过现在绝大多数人都悔恨地承认，这部戏剧并不是写他的。

4. 至今在伦敦仍有一座丹麦人的圣克莱门特教堂，童谣《橘子和柠檬》(*Orange and Lemons*)中有提到它。

5. 东安格利亚被赐给了高个子托尔克尔，埃德里克得到了麦西亚，而诺森布里亚则被分给了国王的老朋友埃里克。克努特自己保留了韦塞克斯，这是英格兰最重要的一片土地，任何英格兰本地的反抗都可能从这里发起。

6. Oliver, Neil.

7. 很多历史学家不喜欢这个术语，但它很实用，而且从11~12世纪开始，史料的质量和数量都有了巨大的提升。

8. 神圣罗马帝国皇帝与教皇在阿尔卑斯山的一个山口会面，正式确定了教会与国家之间的界限，从这以后二者的关系才明确建立起来，这次会谈也对之后的世俗主义思想产生了重大影响，世俗主义主张教会不能设立世俗法律，反之亦然。

9. 大部分统治者极大夸张了他们的头衔所拥有的力量，比如国王埃德加称他自己为"全阿尔比恩（Albion，英格兰或不列颠的雅称）及其周围地区的专制君主"。不过，克努特在罗马加冕时，却带有典型的斯堪的纳维亚式的谦虚气质，他描述自己为"全英格兰人、丹麦人、挪威人和部分瑞典人的国王"。他没说全体瑞典人，而只是部分的。

第5章 戈黛娃夫人

1. Barlow, Frank.

2. "暖床器谣言"（warming pan myth）在历史上时有发生，通常用来污蔑王室女子伪装怀孕，并在"临产"时将婴儿从暖床器中偷偷塞进她的被子里。这个谣言最著名的一次应用是用来诋毁信奉基督教的詹姆斯二世（1685~1688年在位），1688年他的出生引发了新教贵族的一次叛乱。

3. 至少这是戈德温家族自己的一种说法。

4. Barlow.

5. 斯韦恩在抵达丹麦后不久就去世了，不过他得到的一点好处就是在《麦克白》中获得了一个客串的角色。

6．尽管一些历史学家称，她可能只是不戴首饰。如果这才是真相，那么这个故事要么是后来人的误解，要么就是史上被夸大程度最严重的故事了。

7．19世纪中期，参加游行的队伍人数减少了很多，因为维多利亚时代的人受到压抑，他们每到这时就奋力挣扎到队伍最前面，去看那个为节日而特意挑选的、穿着紧身衣的当地女人。这样的扫兴行为让纪念活动逐渐无人问津了。最终纪念仪式在20世纪被取消了，尽管一度有人试图恢复它。

第6章 忏悔者爱德华

1．18世纪的塞缪尔·约翰逊（Samuel Johnson）小的时候就接受过安娜女王的抚摸，他后来编写了第一部英语词典。

2．McLynn，Frank.

3．关于到底真相如何，现存的史料说法不一。关于艾德吉福是否真的被卷入此事，也有所争论，不过不论如何，这件事震惊了所有人。

4．这种盎格鲁-撒克逊的古老习俗被称为"戴着狼头"（carrying the wolf's head），也就是说这个人像狼一样可以被任意捕捉。

5．Barlow.

6．1066年拉尔夫的儿子哈罗德还太小，完全构不成威胁，到《末日审判书》的时代，他还活得好好的，成为英格兰中部地区的一名地主。

7．于是很多诺曼人就去了苏格兰，并成为苏格兰国王麦克白用来制造边境冲突的借口。

8. 在阿尔弗雷德王子前往英格兰的倒霉旅程中,正是尤斯塔斯的手下作为陪同,他可能害怕自己遭遇同样的埋伏,所以这一次主动攻击可能是尤斯塔斯为自己的安全着想而发起的。

9.《编年史》中只是顺便提了一句,"这位老妇人"死了,这一定让她很满意。

10. Barlow.

11. McLynn.

12. 比如,至今仍有一些边境城镇的法律规定,凡天黑之后发现威尔士人,就要把他们杀掉。大部分原因在于中世纪的法律从未被正式废除过,而只是被后来的其他法律所替代,法律专家非常有信心,在今天你绝不可能摆脱海量的法律判例。

13. 诺森布里亚北部地区的范围包括今天的达拉谟郡和诺森伯兰郡(Northumberland),他们保留了更多的英格兰传统,至今仍由古老的统治家族诺森布里亚家族掌管。

14. 也许是因为托斯蒂格被任命掌管军队,而哈罗德则负责财政,这让他们成为了对手。

第7章 诺曼底的威廉

1. 欧洲人对棋子做出了一些改变:"皇后"取代了原先的"维齐尔"(vizier),这是一种近似首相的官职,而"主教"原先是"象"。

2. 引自Bartlett, Robert, *The Making of Europe*。

3. Bartlett.

4．Tombs.

5．Howarth.

6．罗贝尔说服女孩儿的父亲，让他允许自己与她同眠，既没有提出婚约的保证，也没有得到她本人的允许，于是被断然拒绝了。不过，他仍然以魅力吸引了她，并发生了一夜情。

7．一些历史学家对此发出了质疑。根据霍沃思（Howarth）的说法，赫勒芙的父亲富尔伯特（Fulbert）可能是一个市民，也就说他拥有城市居民资格，而她哥哥的名字曾出现在城市特许状上，可见她家族的地位很高。

8．McLynn.

9．另一则故事是，威廉和玛蒂尔达曾发生过一次争吵，威廉拽着她的头发穿过了卡昂城，这个充满男性气概的举动让她深受打动，并承认他是对的。

10．这是诺曼女性地位不高的一个证明，一对夫妇拥有几个女儿并不会得到明确记录。威廉和玛蒂尔达有5个或6个女儿，其中两个可能叫作阿加莎和阿德莉萨，或者这两个名字可能指同一个人。有的编年史家甚至写的是"大概还有几个女儿"。

11．但是另外一些历史学家称这是个谣言，她实际上有5英尺高，只比平均身高矮几寸。

12．Borman，Tracy.

13．关于领主有权与自己领地内农民的妻子共眠——所谓"初夜权"（the droit de seigneur）——的说法，可能是编造的，因为这种说法只见于16和17世纪的文献，而这时的人们经常捏造或夸大事实，以彰显中世纪的可怕。实际上,"中世纪"这个词在当初发明的时候就是带有污蔑含义的。其实我们不必刻意夸大中世纪的糟糕程度——对大多数人而言那个时代已经够恐怖的了。

14. 有一条史料讲到,1014年一位骑士曾在战争失败后将头盔摘下,以免自己被发现。

15. 引自 *The Battle of Hastings*,Bradbury,Jim。

16. William of Malmesbury.

17. 老实说,这个故事的可信度也不高。不过可以肯定的是,哈罗德的确挺有幽默感的。

第8章 最后的维京人

1. Schama,Simon.

2. McLynn.

3. Bradbury.

4. 这座城市是公元965年由诺斯人托尔斯(Thorgls)建立的,他的绰号"Skarthi"是兔唇的意思。

5. Howarth.

6. 最近的一个例子是电视剧《维京传奇》。

7. http://aclerkofoxford.blogspot.co.uk/2014/09/the-battle-ofstamford-bridge.html.

8. 关于斯堪的纳维亚军队出动的战舰数量,这是当时的史家给出的两种推测中可能性更高的一种,另一种说法是500艘。人们在描述一件事的时候总是倾向于夸大它，所以采信小一些的数字一般而言更为安全。

第9章　黑斯廷斯之战

1. Morris, Marc.
2. 这个故事也不可全信：有关入侵者已经到来、在海岸登陆的传闻素来就没有消停过。同样的传闻也发生在尤里乌斯·凯撒和百年战争时期的爱德华三世身上。
3. 据说从1086年的《末日审判书》中能追溯出诺曼军队的行军路线，苏塞克斯在书中被列为"荒地"，意为废弃的土地。
4. William of Malmesbury.
5. 也可能是10点或11点，目前只有三个版本的精确时间记录。
6. 那时的记录称为"腿"，但显然，这位受争议的士兵绝不是因为砍了国王的腿才受到惩罚的。
7. 威廉·马雷的后代至今仍能通过父系家谱明确地追溯到自己这位祖先，这是确定参加了黑斯廷斯战役的所有诺曼人里唯一的一例。这份血统在英格兰一度是非常值得骄傲的，毕竟在这个国家，出身是经常引起巨大争议的话题。
8. https://familysearch.org/wiki/en/England_Pre-Norman_Conquest_Surnames_（National_Institute）
9. 据说在苏塞克斯有一座修道院，克努特的女儿就被埋葬在那里，同时也成了哈罗德的墓地所在。不过到目前为止，除非有极特殊的情况，英国国教还不允许对任何遗体进行发掘研究。

10. 记功寺（Battle Abbey）直到1976年才被英国政府买下来，那时的英国还处在困顿中，这笔费用由美国市民集资而来。当你在入口处买票时，这件事或许值得一提。

11. Bridgeford，Andrew.

12. Bridgeford.

13. 巨石阵的主人们也做过类似的事情，他们出租小巧的斧子，让参观者们从上面凿一些下来带回去做纪念。

第10章　诺曼之轭

1. Stanton.

2. Tombs，Robert.

3. Tombs.

4. *Surrey Folk Tales* by Janet Dowling.

5. "封建"（feudalism）这个词直到1776年才被发明，最早出现在亚当·斯密的资本主义圣经《国富论》中。

6. 话虽如此，如果想要成为好的猎手，没有一大笔钱仍是没办法做到的。那时一只鹰价格5英镑，已经是一笔不小的花销。公隼价格更要高得多，是所有鸟类中最贵的。很多打猎可用的鸟都是为特权阶级特供的，它们在主人的房间里拥有一根奢华的栖木。

7. Borman.

8. Borman.

9. 这个名称是成书一个世纪之后才流传开的。实际上它一共有两本：《大末日审判书》(*Big Domesday*) 和《小末日审判书》(*Little Domesday*)，因为东安格利亚的资料稍后才整理完。

10. 罗伯特·图姆斯认为，这说明了英格兰已经"是一个富有和成熟的农业国家，当时的森林面积已经降到20世纪的水平……耕种土地达到1900年的水平，使用65万头耕牛劳作。"

11. 实际上，个人所得税是英格兰为应对革命时期的法国而征收的一种临时税，而可以肯定的是，来自拿破仑的威胁早已不是国家安全的头号警惕对象了。

12. 诺曼人也被认为是支持教士独身主义的，尽管那时欧洲的主流趋势都是如此，1076年基督教开始禁止教士结婚，一个主要的现实原因就是为了切断教会裙带关系的根源。诺曼人是在这场基督教内部运动即将结束的时候才加入的。

13. Morris.

14. Morris.

15. Ackroyd.

16. Tombs.

17. Tombs.

18. Tombs.

第11章 王位争夺

1. Higham and Ryan.

2. Poole, A. L.

3. 来自奥德里克的古怪记录。也许威廉根本就没有任何愧疚之情。

4. http://www.marcmorris.org.uk/2013/09/the-death-of-williamconqueror-9_9.html

5. Barlow.

6. William of Malmesbury.

7. 安塞姆也是中世纪教会史上最伟大的哲学家之一，他第一个构建了上帝本体论，在哲学史上影响深远，不过它太复杂深奥了，以至于很难理解其本意。

8. Poole.

9. Bridgeford.

10. Poole.

11. Borman.

12. 鲁弗斯在新森林中中箭摔倒的地方如今有一座鲁弗斯石作为标记，不过这是17世纪时才放置的，而且似乎政府只是随便选了个位置。

第12章　十九个漫漫长冬

1. Poole.

2. 大部分私生子都被冠以菲茨罗伊（FitzRoy）这个姓氏，诺曼语中意为"国王的儿子"。英国历史上唯一能在这方面与亨利一世匹敌的是查理二世，后者可能有17个私生子。

3. 玛蒂尔达王后对学者给予了丰富的资助，尤其是马姆斯伯里的威廉。这位写下了诸多批评英格兰材料的史家实际上拥有半诺曼、半英格兰血统（如这个时代的许多作家一样），也是比德之后的第一位英格兰史家，至少是第一位严肃书写历史，而不是从巫术和咒语中寻求解释的学者。

4. Poole，A. L.

5. Morris，Marc King John.

6. Castor，Helen.

7. Castor.

8. Asbridge，Thomas.

9. 玛蒂尔达的公公富尔克（Fulk）在婚礼之后立刻启程去了圣地，企图缓缓获得耶路撒冷王国女继承人的喜欢。不幸的是，她与另一位十字军战士发生婚外情的传言导致了一场内战，直到最后富尔克坠马而死。

10. 《权力的游戏》的书迷们认为，乔治·R.R.马丁笔下乔弗里国王之死的情节就是来自这一历史事件，"混乱时期"则是五王之战的灵感来源。

第13章　决不投降

1. Ackroyd，Peter.

2. Ackroyd.

3. https://www.theguardian.com/education/2002/apr/13/artsandhumanities.highereducation1.

4. http://www.telegraph.co.uk/news/newstopics/howaboutthat/8424904/People-with-Norman-names-wealthier-than-otherBritons.html.

5. Stanton, Sir Frank.

6. http://www.caitlingreen.org/2015/05/medieval-new-englandblack-sea.html

7. 根据史家伊恩·莫蒂默（Ian Mortimer）的记载，有80%~95%的英格兰人种是爱德华三世的后裔，甚至很可能接近100%。美国人中也有数以千万拥有此血统。

8. Crystal, David.

9. Crystal.

10. Crystal.

11. 13世纪进入英语的法语词汇有treasure（财富）、letter（字母）、cup（杯子）、tribute（致敬）、serve（服务）、marble（大理石）、grace（优雅）、abbey（庄园）、nunnery（女修道院）和attire（服装）。

12. Bridgeford.

13. 这位法官指的是理查德·德路西（Richard de Lucy），12世纪英格兰的首席大法官。

14. Denzinger and Lacey.